BASIC

【動画付き】

おもてなしの日本語

心で伝える接遇コミュニケーション

基本編

林千賀
羽鳥美有紀
齋藤貢

OMOTENASHI

ask PUBLISHING

はじめに

Introduction / 序言 / Lời nói đầu

　このテキストは、接客業に就きたいと考える全ての人を対象としておりますので、幅広い学習者にお使いいただくことができます。今までマナーやおもてなしについて、具体的に日本語でどう表現するのかが示された教科書は、管見の限りではありませんでした。そこで、おもてなしとは何か、スタッフがおもてなしの表現をどのようにして使用するのか、具体的な例や日本語表現でわかりやすく示したテキストを作成しました。

　文化ノートなどには、日本のマナーや日本人の考え方、異文化コミュニケーションの観点なども盛り込んだ内容となっていますので、将来、接客業に就きたいと考えている学習者以外でも十分な学びができると思います。接客場面にはあまり複雑な文法項目はありませんし、語彙も接客業で使用されると想定された語彙を選択しています。学習者の皆さんが日本式の接客と日本文化を理解し、運用できるようになることを期待しています。

　最後にこのテキストを作成するにあたって、ロールプレイやインタビューに協力してくださった方々、映像撮影に協力してくださった方々、そしてアスク出版の坂井香澄さんには、企画・編集で大変お世話になりました。この場をお借りして御礼申し上げます。

2020 年 3 月

林　千賀

羽鳥美有紀

齋藤　貢

This book is intended for anyone who wants to enter the hospitality industry, so it can be used by a wide range of learners. Until now, textbooks that specifically showed how to express manners and hospitality in Japanese were not The textbook were not narrow enough in scope. Therefore, we created this book to present easy-to-understand concrete examples and Japanese expressions that show what omotenashi is and how staff members use omotenashi expressions.

Cultural notes also include information on Japanese manners, Japanese attitudes and perspectives on cross-cultural communications so learners other than those wishing to enter the customer service industry in the future will plenty to study and learn. There aren't many complicated grammar items used in hospitality settings, and the vocabulary is selected from vocabulary that we believe is often used in the hospitality industry. We hope that learners will be able to understand and operate in Japanese-style customer service and Japanese culture.

Lastly, in preparing this book, we received a great deal of help from the people who cooperated with us for role-playing and interviews, all of the people who cooperated in filming and Kasumi Sakai of Ask Publishing in the planning and editing of this book. We would like to take this moment to give our heartfelt thanks.

March 2020

Chiga Hayashi

Miyuki Hatori

Mitsugu Saito

本教材针对全体将来想从事服务行业的人员而编纂，适用对象广泛。依笔者拙见，有关日式礼仪与待客之道，以及具体而言该如何用日文表达的教材，此前未见于市。本教材应运而生，特就何为"待客之道"，怎样使用"待客用语"，结合具体例示，进行了简单易懂的讲解。

教材中"文化笔记"这一板块，就日本的礼仪与日本人的思维方式、乃至不同文化的碰撞进行了详实的介绍，即使对将来没有意愿从事服务行业的日语学习者来说，亦能成为优秀的学习材料。在为客人服务的过程中不会涉及到太过复杂的语法，本书选取的词汇也都是在实际的服务过程中常用的词汇。希望有助于读者理解日式服务和日本文化，从而能在实际工作生活中融会贯通。

最后，本教材的成功编纂，从企划到编辑，再到成书，离不开各个环节的工作人员所提供的诸多帮助。值此之际，谨向参与了角色扮演与采访的服务行业从业人员、协助影片拍摄的工作人员以及 ASK 出版公司的坂井香澄女士，致以最诚挚的感谢。

2020年3月

林　千贺

羽鸟美有纪

斎藤　贡

Tài liệu học này được soạn thảo cho tất cả đối tượng là người muốn làm việc trong ngành dịch vụ Du lịch - Nhà hàng - Khách sạn nên có thể sử dụng trong các thành phần người học rộng rãi. Cho đến nay, theo sự hiểu biết của chúng tôi thì không có sách giáo khoa trình bày về cách ứng xử và omotenashi (sự hiếu khách) sẽ được diễn đạt bằng tiếng Nhật như thế nào. Do đó, chúng tôi đã soạn thảo quyển sách trình bày một cách dễ hiểu các ví dụ và các cách diễn đạt tiếng Nhật cụ thể omotenashi là gì, đội ngũ nhân viên sẽ diễn đạt omotenashi ra sao để sử dụng.

Do trong phần " 文化ノート (Ghi chép văn hóa)" v.v. cũng có nhiều nội dung như cách ứng xử ở Nhật và cách nghĩ của người Nhật, quan điểm giao tiếp văn hóa khác biệt v.v. nên ngoài những người học muốn làm việc trong ngành dịch vụ Du lịch - Nhà hàng - Khách sạn thì những đối tượng khác cũng có thể học đầy đủ. Trong các tình huống ngành Du lịch - Nhà hàng - Khách sạn, không có các mục ngữ pháp phức tạp, và phần từ vựng chúng tôi cũng chọn các từ vựng được dự đoán là sẽ được sử dụng trong ngành dịch vụ Du lịch - Nhà hàng - Khách sạn. Chúng tôi mong rằng các bạn học sẽ hiểu về ngành dịch vụ Du lịch - Nhà hàng - Khách sạn kiểu Nhật và văn hóa Nhật Bản để có thể vận dụng được.

Cuối cùng, trong quá trình biên soạn tài liệu học này, chúng tôi đã nhận được sự giúp đỡ của các quý vị hợp tác đóng vai, phỏng vấn, cũng như các quý vị hỗ trợ về mặt hình ảnh, cô Sakai Kasumi của Nhà xuất bản ASK đã lên kế hoạch, biên tập. Chúng tôi xin gửi lời cám ơn đến quý vị.

Tháng 3 năm 2020

Hayashi Chiga

Hatori Miyuki

Saito Mitsugu

目次
もくじ

Table of Contents / 目录 / Mục lục

<h1 align="center">学_{まな}ぶ前_{まえ}に</h1>

1.「おもてなしの日本語_{にほんご}」

　「おもてなしの日本語_{にほんご}」とは、「『人間関係構築_{にんげんかんけいこうちく}』『心配_{こころくば}り』『相手_{あいて}を思_{おも}う心_{こころ}』『迅速_{じんそく}な応対_{おうたい}』『寄_よりそう心_{こころ}』『柔軟_{じゅうなん}な応対_{おうたい}』『誠実_{せいじつ}な心_{こころ}』の7つの心_{こころ}を理解_{りかい}し、その心_{こころ}を日本語表現_{にほんごひょうげん}として使_{つか}いこなしてコミュニケーションすること」です。

　　人間関係構築_{にんげんかんけいこうちく}：お客_{きゃく}さまと良好_{りょうこう}な関係_{かんけい}を築_{きず}くこと
　　心配_{こころくば}り：お客_{きゃく}さまのことを考_{かんが}えて行動_{こうどう}すること
　　相手_{あいて}を思_{おも}う心_{こころ}：お客_{きゃく}さまのことを思_{おも}いやる、察_{さっ}する心_{こころ}
　　迅速_{じんそく}な応対_{おうたい}：早_{はや}く正確_{せいかく}に応対_{おうたい}すること
　　寄_よりそう心_{こころ}：お客_{きゃく}さまの心_{こころ}に寄_よりそい、共感_{きょうかん}すること
　　柔軟_{じゅうなん}な応対_{おうたい}：提案_{ていあん}や代替案_{だいたいあん}などで臨機応変_{りんきおうへん}に応対_{おうたい}すること
　　誠実_{せいじつ}な心_{こころ}：うそをつかず、理解_{りかい}してもらうため誠実_{せいじつ}に対応_{たいおう}すること

2.＜会話_{かいわ}のヒント＞意味機能_{いみきのう}

　このテキストでは、会話文_{かいわぶん}やフレーズを単_{たん}なる暗記_{あんき}ではなく、文_{ぶん}や節_{せつ}の意味的_{いみてき}なまとまりの単位_{たんい}のことを指_さす意味機能_{いみきのう}で学_{まな}びます。例_{たと}えば、「大変申_{たいへんもう}し訳_{わけ}ありませんでした」の意味機能_{いみきのう}は「謝罪_{しゃざい}」、「ありがとうございました」の意味機能_{いみきのう}は「感謝_{かんしゃ}」と言_いいます。本書_{ほんしょ}で扱_{あつか}う意味機能_{いみきのう}は、全部_{ぜんぶ}で21種類_{しゅるい}あります。この21種類_{しゅるい}のどれかを組_くみ合_あわせることで、場面_{ばめん}に合_あわせた日本語表現_{にほんごひょうげん}を作_{つく}ることができます。

例_{れい}）｜行動報告_{こうどうほうこく}｜＋断_{ことわ}りの｜前置_{まえお}き｜＋｜断_{ことわ}り｜＋｜謝罪_{しゃざい}｜のパターンの場合_{ばあい}：

(1)「お待_またせいたしました。あいにく 満室_{まんしつ}でございます。申_{もう}し訳_{わけ}ございません。」
　　　｜行動報告_{こうどうほうこく}｜　＋断_{ことわ}りの｜前置_{まえお}き｜　＋｜断_{ことわ}り｜　　　＋｜謝罪_{しゃざい}｜

(2)「お待_またせいたしました。あいにく この商品_{しょうひん}は在庫_{ざいこ}がございません。申_{もう}し訳_{わけ}ございません。」
　　　｜行動報告_{こうどうほうこく}｜　＋断_{ことわ}りの｜前置_{まえお}き｜　　＋｜断_{ことわ}り｜　　　＋｜謝罪_{しゃざい}｜

(3)「お待_またせいたしました。あいにく 本日_{ほんじつ}の予約_{よやく}はいっぱいでございます。申_{もう}し訳_{わけ}ございません。」
　　　｜行動報告_{こうどうほうこく}｜　＋断_{ことわ}りの｜前置_{まえお}き｜　　＋｜断_{ことわ}り｜　　　＋｜謝罪_{しゃざい}｜

　(1)は、ホテルスタッフの発話_{はつわ}、(2)は、デパートやショップなどのスタッフの発話_{はつわ}、(3)は空港_{くうこう}のグランドスタッフやホテルスタッフの発話_{はつわ}ですが、いずれも「確認_{かくにん}した後_{あと}、お客_{きゃく}さまの要望_{ようぼう}にそえない旨_{むね}を伝_{つた}える」時_{とき}の誠実_{せいじつ}な応対_{おうたい}です。このように意味機能_{いみきのう}をパターンで学_{まな}ぶことで、お客_{きゃく}さまの要望_{ようぼう}に応_{こた}えられないことを伝_{つた}える時_{とき}に、どのような応対_{おうたい}をすればいいかを学_{まな}んでいきます。意味機能_{いみきのう}を本書_{ほんしょ}では 挨拶_{あいさつ}、理由_{りゆう} などと書_かきます。それぞれの意味機能_{いみきのう}は、＜見_みてみましょう＞のポイントで説明_{せつめい}されていますが、まとめて概観_{がいかん}しましょう。

Before you begin studying

1. Omotenashi Japanese

Omotenashi Japanese refers to understanding the seven concepts of ningenkankei kouchiku (building interpersonal relationships), kokorokubari (thoughtfulness), aite wo omou kokoro (being mindful of others), jinsoku na taiou (quick response), yorisou kokoro (closeness), juunan na taiyou (flexible response) and seijitsu na kokoro (honesty) and communicating while having mastered the art of expressing these concepts in Japanese.

Ningenkankei kouchiku (building interpersonal relationships):
   Communicating to build strong relationships with customers
Kokorokubari (thoughtfulness): Acting with the customer in mind
Aite wo omou kokoro (being mindful of others): Being compassionate and sympathetic toward the customer
Jinsoku na taiou (quick response): Responding quickly and correctly
Yorisou kokoro (closeness): Getting close to and sympathizing with the customer's feelings
Juunan na taiou (flexible response): Responding flexibly with alternative proposals and ideas
Seijitsu na kokoro (honesty): Respond honestly and with understanding, without falsehoods

2. <Conversation tips> Semantic function

In this book, you will learn not through rote memorization of conversations and phrases, but through semantic function, which refers to the meaningful units in sentences and clauses. For example, the semantic function of " 大変申し訳ありませんでした " is as an Apology, and the semantic function of " ありがとうございました " is as an expression of Gratitude. There are 21 types of semantic functions in this book. By combining these 21 types, you can create a Japanese expression to fit any situation.

Ex.) Action report + Refusal preface + Refusal + Apology pattern:

(1)「お待たせいたしました。あいにく 満室でございます。申し訳ございません。」
Omataseitashimashita. Ainiku, manshitsu degozaimasu. Moushiwake arimasen.
(Sorry to have kept you waiting. Unfortunately, all of our rooms are full. I'm very sorry.)
   Action report   + Refusal preface   + Refusal   + Apology

(2)「お待たせいたしました。あいにく この商品は在庫がございません。申し訳ございません。」
Omataseshimashita. Ainiku, kono shouhin ga gozaimasen. Moushiwake gozaimasen.
(Sorry to have kept you waiting. Unfortunately, we don't have this product. I'm very sorry.)
   Action report   + Refusal preface   + Refusal   + Apology

(3)「お待たせいたしました。あいにく 本日の予約はいっぱいでございます。申し訳ございません。」
Omataseitashimashita. Ainiku, honjitsu no yoyaku ha ippai desu. Moushiwake arimasen.
(Sorry to have kept you waiting. Unfortunately, we have no more room for reservations today. I'm very sorry.)
   Action report   + Refusal preface   + Refusal   + Apology

(1) is a phrase often used by hotel staff, (2) is a phrase often used by staff at department stores and shops, and (3) is a phrase often used by airport ground staff and hotel staff. All of these are sincere responses that let customers know that you have looked into things and are unfortunately unable to fulfill their request. By learning semantic functions using patterns in this way, you will learn what to do when conveying that you cannot meet your customer requests. In this book, semantic functions are listed by category, such as Greeting or Reason. Each semantic function is further explained in the "Let's take a look" section, but be sure to review them all together.

在学习之前

1.「おもてなしの日本語」（服务待客日语）

　　所谓「おもてなしの日本」（服务待客日语），指的是能够充分领会"构筑人际关系"、"体贴周到"、"为对方着想"、"迅速反应"、"贴近对方的心"、"灵活应对"、"真诚待客"这 7 项日式服务精神，并在实际交际中熟练运用日语将其体现出来。

　　构筑人际关系：与顾客建立良好的人际关系

　　体贴周到：设身处地为顾客着想

　　为对方着想：有关怀顾客的心并能察觉顾客的需求

　　迅速反应：做出迅速且正确的应对

　　贴近对方的心：用心倾听顾客的需求，与顾客共情

　　灵活应对：用提议与替代方案等来随机应变地处理

　　真诚待客：不以谎言敷衍顾客，用真诚来获得顾客的理解

2.＜会话提示＞ 语义功能

　　本教材并非是靠死记硬背单词或是句子，而是使用"语义功能"，也就是把文句按所表达的意义划分成意群，再用意群进行组合的方式来进行学习。例如：「大変申し訳ありませんでした」(实在是非常抱歉)的语义功能是"赔礼道歉"，而「ありがとうございました」(谢谢)的语义功能是"表示感谢"。本书所收录的语义功能共有 21 种。藉由搭配这 21 种语义功能，学习者即可在各种情境中组合出相应的表达。

例）报告自己的行动 ＋拒绝的开场白 ＋ 拒绝 ＋ 赔礼道歉 模式：

(1)「お待たせいたしました。あいにく 満室でございます。申し訳ございません。」

　　（让您久等了，不巧，现在客房都满了，实在是非常抱歉。）

　　　　　报告自己的行动　　＋拒绝的开场白　　＋ 拒绝　　　　　＋ 赔礼道歉

(2)「お待たせいたしました。あいにく この商品は在庫がございません。申し訳ございません。」

　　（让您久等了，不巧，此商品现在缺货，实在是非常抱歉。）

　　　　　报告自己的行动　　＋拒绝的开场白　　　　＋ 拒绝　　　　　　＋ 赔礼道歉

(3)「お待たせいたしました。あいにく 本日の予約はいっぱいでございます。申し訳ございません。」

　　（让您久等了，不巧，本日的预约已满，实在是非常抱歉。）

　　　　　报告自己的行动　　＋拒绝的开场白　　　　＋ 拒绝　　　　　　＋ 赔礼道歉

　　例 1 为酒店服务生用语，2 为商场或商店店员用语，3 为机场地勤人员或酒店服务生用语，无论哪一种都是"在确认之后，无法满足客人的需求"时真诚的应对方式。通过用这样的各种模式来学习语义功能，就能掌握当无法满足顾客需求时，需要如何采取对策。

　　本书将语义功能记作 打招呼，理由 等，各个语义功能，将在「見てみましょう」(看一看)栏目中进行说明，在此先进行一个总览。

Trước khi học

1. "Tiếng Nhật Omotenashi"

"Tiếng Nhật Omotenashi" là việc hiểu được 7 tinh thần "Cấu trúc mối quan hệ giữa người với người", "Sự quan tâm chu đáo" "Tấm lòng biết nghĩ về người khác", "Đối ứng nhanh chóng", "Tinh thần cùng dựa vào nhau", "Đối ứng linh hoạt", "Tấm lòng chân thành" và sử dụng nhuần nhuyễn cách diễn đạt những tinh thần đó bằng tiếng Nhật để giao tiếp.

Cấu trúc mối quan hệ giữa người với người: Giao tiếp để xây dựng
    nên mối quan hệ tốt đẹp với khách hàng

Sự quan tâm chu đáo: Nghĩ và hành động vì khách hàng

Tấm lòng biết nghĩ về người khác: Tấm lòng biết quan sát, biết nghĩ
    cho khách hàng

Đối ứng nhanh chóng: Đối ứng nhanh chóng, chính xác

Tinh thần cùng dựa vào nhau: Cùng đồng hành, đồng cảm với tinh
    thần của khách hàng

Đối ứng linh hoạt: Đối ứng tùy vào tình thế như có đề xuất, phương
    án thay đổi v.v.

Tấm lòng chân thành: Không dối trá, đối ứng thành thật để được thấu
    hiểu

2. Chức năng ý nghĩa của "Gợi ý hội thoại"

Trong tài liệu học tập này, bạn sẽ học "Chức năng ý nghĩa" chỉ những đơn vị cụm câu hay đoạn có nghĩa chứ không phải học thuộc lòng đơn thuần các câu hay cụm từ hội thoại. Ví dụ, chức năng ý nghĩa của "大変申し訳ありませんでした (Tôi thành thật xin lỗi)" là "Xin lỗi", chức năng ý nghĩa của "ありがとうございました (Xin cảm ơn)" là "Cảm ơn". "Chức năng ý nghĩa" sử dụng ở quyển sách này có tất cả 21 loại. Bạn có thể tạo thành những cách diễn đạt bằng tiếng Nhật phù hợp với tình huống bằng cách kết hợp 21 loại này.

Ví dụ: Trường hợp kiểu Báo cáo hành động + đặt tiền đề từ chối + từ chối + xin lỗi:

(1)「お待たせいたしました。あいにく満室でございます。申し訳ございません。」
    (Xin lỗi đã để quý vị chờ lâu. Thật không may là đã kín phòng. Chúng tôi thành thật xin lỗi.)"
      Báo cáo hành động + đặt tiền đề từ chối + từ chối   + xin lỗi

(2)「お待たせいたしました。あいにくこの商品は在庫がございません。申し訳ございません。」
    (Xin lỗi đã để quý vị chờ lâu. Thật không may là sản phẩm này đã hết hàng. Chúng tôi thành thật xin lỗi.)
      Báo cáo hành động + đặt tiền đề từ chối   + từ chối   + xin lỗi

(3)「お待たせいたしました。あいにく本日の予約はいっぱいでございます。申し訳ございません。」
    (Xin lỗi đã để quý vị chờ lâu. Thật không may là hôm nay chỗ chúng tôi đã được đặt trước hết. Chúng tôi
    thành thật xin lỗi.)
      Báo cáo hành động + đặt tiền đề từ chối   + từ chối   + xin lỗi

(1) là lời thoại của nhân viên khách sạn, (2) là lời thoại của nhân viên cửa hàng bách hóa hoặc cửa hàng v.v., (3) là lời thoại của nhân viên mặt đất sân bay hoặc nhân viên khách sạn, lời thoại nào cũng là đối ứng thành thực khi "truyền đạt nội dung không được như ý của khách hàng sau khi đã xác nhận tình trạng". Bằng cách học chức năng ý nghĩa theo kiểu như thế này, bạn sẽ học khi truyền đạt nội dung không đáp ứng được nguyện vọng của khách hàng thì nên đối ứng thế nào. Chức năng ý nghĩa sẽ được viết chào hỏi, lý do v.v. ở quyển sáchh này. Từng chức năng ý nghĩa sẽ được giải thích bằng điểm "見てみましょう (Hãy xem thử)" nên bạn hãy tóm tắt và xem qua nhé.

＜会話のヒント＞意味機能一覧 <Conversation Hints> List of sematic functions / ＜会話提示＞語义功能一覧表 / Tóm lược chức năng ý nghĩa <Gợi ý hội thoại>

機能	意味
あいさつ	接客で必要なあいさつのフレーズの総称。
理由	お客さまの要望にすぐに応えられない時など、お客さまに負担をかける前の理由。「お願い」や「謝罪」の前か後に使う。
お願い	お客さまへの依頼表現。
行動報告	スタッフがした行動を伝えること。
呼びかけ	お客さまを呼ぶ時、「お客さま」や「○○さま」と言う。お客さまの名前がわかる時は、お客さまの名前で呼ぶことが「おもてなし」。
行動表明 ＊すぐに＋	スタッフがこれからする行動の表明。「すぐに」や「ただいま」をつけると迅速応対になる。
情報提供	お客さまに詳しい情報を伝えること。お客さまに提案をした時など、それについて詳しく説明すること。
感謝	感謝の気持ちを伝えること。
謝罪	謝ること。
条件提示	「〜ば」、「〜たら」、「〜と」、「〜なら」などの表現。
確認	お客さまの要望や情報を聞く時の確認。お客さまの要望がより具体的になるまで確認を重ねることでお客さまの心に近づくことができる。
承知	スタッフが理解したことを伝える表現。
トピック	はじめに、何について話しているかを明確にするためにトピックを提示してから会話を始める。
誘導	お客さまを目的地までお連れする時、指し示したりして非言語行動で誘導。
提案	お客さまに提案をする。少なくとも2つ以上の提案を出し、お客さまに選んでもらうことが大切。
EQ (Echo Question)	エコークエスションをEQと言う。お客さまの発言を復唱して確認。
うかがい	提案や代案をした後にお客さまの気持ちを聞くための伺い。また、お客さまに案内した内容についての感想を聞く時も過去形にしてうかがう（傾聴のうかがい）。
共感	「お客さまの話を聞いている」、「共感している」というサインを送る表現。このテキストでは、これを共感と呼ぶ。お客さまから意見や感想、不満や指摘を受けた時にも、「あなたの気持ちがわかりますよ」と伝えるおもてなしのフレーズ。
断り	情報提供の文で断る。お客さまの要望にそえない時、「謝罪」「前置き」をそえて断る。
代案	代替案を代案と言う。
前置き (クッション言葉)	「お願い」や「提案・代案」、「断り」などの 行動表明 の前につく表現。

	「いらっしゃいませ。」「おはようございます。」「どうぞよろしくお願いします。」「失礼いたします。」
	お願いの前の理由：「お調べいたしますので、（少々お待ちください）。」 「手続きをいたしますので、（少々お待ちください）。」
	謝罪の前の理由：「不快な思いをさせてしまい、（申し訳ございません）。」 「ご迷惑をおかけし、（申し訳ございませんでした）。」
	「少々お待ちください。」「こちらのエレベータをご利用ください。」
	「お待たせいたしました。」「お調べいたしました。」「手続きが完了いたしました。」
	「お客さま」「田中さま」（名前は名字を使います）
	「ご案内いたします。」「お待ちしております。」「確認いたします。」「お呼びいたします。」
	＊すぐに＋行動表明＝迅速な応対「すぐに確認してお電話いたします。」
	「こちらが搭乗券でございます。」「地下1階でございます。」「ご利用いただけます。」
	「どうもありがとうございました。」「貴重なご意見をありがとうございました。」
	「大変申し訳ございません。」「申し訳ございません。」
	深く謝罪：「大変申し訳ございませんでした。」「この度は、誠に申し訳ございませんでした。」
	「何かわからないことがございましたら」「公園のほうですと」「定食屋さんでしたら」
	「どちらのほうに行かれますか。」「どのようなお食事がよろしいでしょうか。」「お探しの方はどなたでしょうか。」 「出発までどのくらいお時間がございますか。」
	「かしこまりました。」「承知しました。」「承知いたしました。」
	「お座席ですが、」「お部屋ですが、」
	「こちらへどうぞ。」「ご案内します。」などと言い、方向を指し示し誘導する。非言語行動。
	「もしよろしければ、ご案内いたしましょうか。」「タクシーで5分ぐらいのところにございますが」
	「もしよろしければ」と一言そえます。
	「4名さまですね。」「田中さまですね。」
	「いかがですか。」「いかがでしたか。」
	傾聴のうかがい：「何かございましたか。」
	「そうですか。」「そうでしたか。」「さようでございましたか。」
	「あいにくお客さまの便はキャンセルとなっております。申し訳ございません。」 「あいにく在庫がございません。申し訳ございません。」
	「セミダブルのお部屋ならご用意できますが、いかがでしょうか。」
	一歩進んだ応対の時の提案の前置き：「もしよろしければ、」 提案・代案の前置き：「それでしたら、」「もしよろしかったら、」 （2つ目の代案の前置き：「もしくは、」）お願いの前置き：「もしよろしければ、」 お願いの前置き：（お客さまへのお願いの負担が大きいと感じる時）：「恐れ入りますが、」「すみませんが、」 断りの前置き：「申し訳ございませんが、」「あいにく」

学習者の皆さんへ

　このテキストでは、日本の「おもてなし」がどのようなものか、<文化ノート>や<見てみましょう>に出てくる文型や意味を機能面から学ぶことで理解できるようになることを目指します。まず、会話文を学ぶ前に、そのセクションのテーマについて考えてから場面で学びます。

　語彙や文法の理解だけではなく、意味機能から学ぶことで、「おもてなしの心」を日本語で表現できるようになります。また、接客場面で使用される語彙がたくさんありますので、覚えておくと便利です。

構成

　全部で8つの課があり、それぞれ「セクション1」と「セクション2」に分かれています。各セクションは、次のような構成になっています。

課のはじめ：課のテーマと「セクション1」と「セクション2」のCan-do（到達目標）が提示されています。

テーマ：セクションのテーマについて翻訳つきで説明があります。

<考えましょう>：セクションのテーマについて考えましょう。

<文化ノート>：接客で役立つ異文化コミュニケーションや接遇マナーなどの知識を身につけます。接客業で必要な語彙がありますので、是非覚えましょう。語彙は巻末の語彙リストで意味を確認しながら、実際のコミュニケーションに役立てましょう。

<見てみましょう>：セクションのテーマにあった会話文です。巻末に翻訳があるので、確認しておきましょう。映像（ 🎥 ）をよく見て、語彙の意味や文法を理解しましょう。

<ここがポイント！>：文型と意味機能をそれぞれ理解しましょう。その課で学ぶ「おもてなしのフレーズ」には 😊 がついています。「おもてなしのフレーズ」とは、接客場面でよく使われる言葉のことです。

<基本練習>：「おもてなしのフレーズ」を理解し、覚えるまで発音に気をつけながら練習しましょう。セクションのトピックにそった練習と、文型練習があります。👥 のある問題はペアで練習しましょう。語彙は巻末の語彙リストで意味を確認しながら理解を深めましょう。

<応用練習>：<見てみましょう>で示された会話文を「会話のヒント」を見ながら、ペアで練習しましょう。👤 はお客さま、👤 はスタッフです。

<まとめ問題>：2つのセクションが終わったら、まとめ問題があります。その課で学んだ「おもてなしのフレーズ」が理解でき、使えるようになったか確認します。そして「おもてなしフレーズチェックリスト」（→ pp.168 〜 169）で確認しましょう。さらに、ペアワークの様子を録画して、ポートフォリオを作成しましょう。それから<考えましょう>のページに戻って、どのくらい理解できたか確認します。最後にその課で何ができるようになったか、Can-do チェックをしましょう。

To learners using this book

In this book, you will learn what Japanese omotenashi is like and also learn sentence patterns and meanings in cultural notes and conversational sentences from a functional perspective. First, before studying the conversation, think about the theme of the section and then learn the lesson in the context of the given situation.

By studying semantic function rather than simply focusing on vocabulary and grammar, you will be able to express omotenashi in Japanese. Many vocabulary words relating to hospitality situations that are good to know are also introduced.

Structure

There are eight chapters in total, each of which is divided into a Section 1 and Section 2. Each section is laid out as follows:

Section Title Page: The chapter's theme and Sections 1 and Section 2's Can-dos are presented.

Topic: The theme of the section is explained with accompanying translation.

Let's think: Think about the theme of the section.

Cultural Notes: Acquire knowledge relating to cross-cultural communication and hospitality manners that are useful for receiving customers. There are many vocabulary words needed in the hospitality business, so try to learn them. Put them to actual use in actual communication while checking the meanings of vocabulary words using the vocabulary lists in the back of the book.

Let's take a look: These are sample conversations that go along with the theme of the section. There are translations at the end of the book, so be sure to check them out. Carefully watch the video (🎥) to understand the meaning of the vocabulary and the grammar.

Here's the point!: Understand each sentence pattern and semantic function. The omotenashi phrases that you will learn in that chapter are marked with a ☺ . Omotenashi phrases are phrases that are often used in customer service settings.

Basic Practice: Practice omotenashi phrases while being mindful of pronunciation until you understand and memorize them. There are regular practice exercises and sentence pattern practice exercises for each section topic. Practice answering the questions marked with 👥 in pairs. Use the vocabulary list at the end of the book to check the meanings of vocabulary words and improve your understanding.

Applied Practice: Practice the conversations indicated in the "Let's take a look section in pairs while looking at the Conversation Tips. 👤 is the customer, and 👤 is the staff member.

Summary Questions: Once you have completed the two sections, there will be Summary Questions. Use these to check to make sure that you have learned and understood the omotenashi phases from the chapter. Then, check the Omotenashi Phrase Checklist (→ pages 168 to 169). Then, record your pair work and create a portfolio. After that, return to the Let's think page to see how well you understood. Finally, do a Can-do check to see what you are now able to do after having completed the chapter.

致各位学习者

　　在本书中,我们将从语义功能方面来学习"文化笔记"以及"看一看"中的各个句型,从而领会"日式待客之道"。在正式学习会话之前,先对章节的主题进行思考,再通过情景来学习。

　　并非是单纯地理解词汇和语法,而是在学习语义功能的过程中,将体现"日式待客之道"的日语融会贯通。此外,因为收录了相当多在实际服务过程中能够用到的表达,如事先熟记将会大有助益。

全书构成

　　全书共分为 8 课,每课分为章节 1 和章节 2。各个章节的构成如下:

每课总览:每一课的主题以及章节 1 和章节 2 的 Can-do(学习目标)

话题:该章节主题的说明(附翻译)

<想一想>:针对该章节的主题进行思考

<文化笔记>:学习对服务行业有帮助的文化差异以及待客礼仪等相关知识。收录了很多服务业必学的词汇,请务必熟记。在书后的词汇表确认各个词汇的意思之后,尝试在实际的会话中使用吧。

<看一看>:该章节主题下的对话课文。书后附有翻译,可事先翻阅进行确认。仔细观看影片(■◀),掌握好词汇的意思和语法。

<这里是重点! >:理解各句型和语义功能。在该课中学到的"服务表达"附有 ⌣ 的标识。所谓"服务表达"是指在服务场景中常用的表达。

<基础练习>:充分理解"服务表达",在熟记之前注意发音并多加练习。设有配合该章节主题的练习与句型练习。对标有 👥 的题目请与同学一起练习。各词汇请用书后的词汇表确认意思,加深理解。

<总结习题>:两人一组,看着会话提示练习"看一看"中的对话。👤 扮演客人,👤 扮演工作人员。

<总结习题>:完成两个章节的学习后,设有总结习题。可以确认自己是否掌握了该课所学的"服务表达"和是否能够运用自如。此外,也请使用书中第 168~169 页的「おもてなしフレーズチェックリスト」(服务表达确认表)进行再确认。更可将对话练习的过程录制下来,制成影集。然后翻回"想一想"页面,确认自己的理解程度。最后回到 Can-do,检查自己在该课的学习成果。

Gửi các bạn học viên

Ở tài liệu học tập này, bạn sẽ học "Omotedashi" của Nhật bản là gì, các mẫu câu và ý nghĩa xuất hiện trong "Ghi chép văn hóa" và "Hãy cùng xem" từ phương diện chức năng. Trước hết, trước khi học văn hội thoại, bạn sẽ suy nghĩ về đề tài của phần đó rồi học từ tình huống.

Không chỉ hiểu từ vựng và ngữ pháp mà bằng cách học từ chức năng ý nghĩa, bạn sẽ có thể diễn đạt "Tinh thần Omotenashi" bằng tiếng Nhật. Hơn thế nữa, vì có nhiều từ vựng được sử dụng trong các tình huống tiếp khách nên nếu bạn ghi nhớ sẽ rất tiện lợi.

Cấu trúc

Tất cả có 8 bài, mỗi bài được chia thành "phần 1" và "phần 2". Mỗi phần có cấu trúc như sau.

Đầu mỗi bài: Hiển thị đề tài của bài, Can-do (Mục tiêu đạt được) của "phần 1 và "phần 2".

Chủ đề: Có kèm phần dịch và giải thích về đề tài của phần đó

<Hãy suy nghĩ>: Hãy suy nghĩ về đề tài của phần đó.

<Ghi chép văn hóa>: Tích lũy các kiến thức như giao tiếp văn hóa khác biệt và các cách ứng xử đãi ngộ v.v. có ích trong ngành dịch vụ. Có từ vựng cần thiết trong ngành dịch vụ Du lịch - Khách sạn - Nhà hàng nên nhất định bạn hãy ghi nhớ. Bạn có thể kiểm tra ý nghĩa của từ vựng ở danh sách từ vựng cuối sách để sử dụng có ích trong giao tiếp thực tế.

<Hãy xem thử>: Là văn hội thoại phù hợp với đề tài của phần đó. Vì có phần dịch ở cuối sách nên bạn hãy kiểm tra trước. Hãy quan sát kỹ hình ảnh (🎥) để hiểu ý nghĩa của từ vựng và ngữ pháp.

<Đây là điểm quan trọng>: Hãy lý giải từng mẫu câu và chức năng ý nghĩa. Phần " おもてなしのフレーズ (Cụm từ Omotenashi)" sẽ học ở bài đó có ☺. " おもてなしのフレーズ (Cụm từ Omotenashi)" là những từ thường được sử dụng trong các tình huống phục vụ khách hàng.

<Luyện tập cơ bản>: Hãy lý giải " おもてなしのフレーズ (Cụm từ Omotenashi)", vừa chú ý phát âm cho đến khi thuộc lòng vừa luyện tập. Có luyện tập, luyện tập mẫu câu theo chủ đề của phần. Bài tập có (👥) thì hãy luyện tập theo cặp với bạn mình. Hãy kiểm tra ý nghĩa của từ vựng ở danh sách từ vựng cuối sách để hiểu sâu hơn.

<Luyện tập ứng dụng>: Vừa xem " 会話のヒント (Gợi ý hội thoại)" trong văn hội thoại được thể hiện ở " 見てみましょう (Hãy xem thử)" để luyện tập theo cặp. 👤 là khách, 👤 là nhân viên.

<Bài tập tổng kết>: Sau khi kết thúc 2 phần, sẽ có bài tập tổng kết. Bạn sẽ kiểm tra xem mình đã hiểu và có thể sử dụng được " おもてなしのフレーズ (Cụm từ Omotenashi)" chưa. Và bạn hãy kiểm tra bằng " おもてなしフレーズチェックリスト (Danh sách kiểm tra cụm từ Omotenashi)" (→Trang 168-169). Hơn thế nữa, hãy thu hình lại cảnh luyện tập theo cặp, tạo một Portfolio (Hồ sơ năng lực). Sau đó, quay lại trang " 考えましょう (Hãy suy nghĩ)" để kiểm tra xem mình hiểu được đến đâu. Cuối cùng, hãy làm kiểm tra Can-do xem bạn đã có thể làm được gì ở bài đó.

このテキストを
お使いになる先生へ

　このテキストは、将来接客業に就きたいと考えるすべての人を対象としています。「おもてなし」とはどのようなものかを理解し、「おもてなしの心」を実践できるようになるためのテキストです。具体的には、「おもてなしの心」、マナー、言語表現など、接遇のコミュニケーションを学びます。日本語学習者であれば、初級修了レベルから十分に学ぶことができます。このテキストが終了する頃には、「おもてなしの心」（「人間関係構築」「心配り」「相手を思う心」「迅速な応対」「寄りそう心」「柔軟な応対」「誠実な心」→ p.6）が、日本語で表現できるようになることを目標にしています。

＜テキストの特徴＞

　このテキストの大きな特徴は、7つの「おもてなしの心」の概念をまず理解し、「おもてなしの心」を具現化した日本語表現を意味機能（後述）と文型を理解しながら学ぶことです。実態に即した教材とするため、文献調査のほか、ホテルやレストラン、空港などに従事する方々にロールプレイを依頼し、会話文などを抽出したり、何度もインタビューで確認したりする作業を行いました。著者の中には空港などでの勤務経験者もおり、その経験も活かしつつ、実態調査と意識調査に基づいて作成しています。

　意味機能とは、節や文のまとまりに、そのはたらきを示す名称を付与した総称のことを指します。語用論の言語行為の意味公式からヒントを得ていますが、学習者にわかりやすく工夫したため、オリジナルの点も多く、ここでは、言語行為の意味公式とは区別して使っています。

　本書では、節や文ごとに意味機能に名称をつけ、これらを組み合わせて使うことを学びます。この方法を身につけることで、会話文を応用して、さまざまな場面でお客さまへの応対ができるようにしています。例えば、「2名さまでご予約をいただいております。」（レストランでの表現）と、「ツインルーム1泊でご予約をいただいております。」（ホテルでの表現）の意味機能は、どちらも 情報提供 です。つまり、情報提供 の意味機能を理解すれば、ホテルやレストラン、空港などと異なる場面でも応用して使うことができるのです。（→ pp.10 〜 11）。また、会話文の単なる暗記に頼るのではなく、意味機能の組み合わせを覚えることで、学習者が自ら考え、表現を作り出すことができるようになります。意味機能の名称は、最初は覚えにくいかもしれませんが、同じ意味機能が何度も繰り返し使用されていますので、課が進むにつれ、徐々に理解が進むでしょう。従って、最初の課から意味機能を導入していくことをお勧めします。ただし、学習者に「意味機能」という言葉を導入する必要はなく、「会話のヒント」として紹介しています。

　また、各課では接客場面でよく使われる言葉を「おもてなしのフレーズ」として紹介しています。正しい発音やイントネーションを指導することに加え、必要に応じておじぎや手をそえることも指導してくださることを期待します。そして、「まとめ問題」の「おもてなしの

フレーズ」練習では、「おもてなしフレーズチェックリスト」（→ pp.168 ～ 169）を学習者に確認させてください。各課のはじめには到達目標（Can-do）を示し、課の最後にはそれができるようになったのかをチェックできるようになっています。学習者にも到達目標をしっかり意識してもらうことが重要です。「まとめ問題」のペアワーク活動では、その様子を録画して、ポートフォリオを作ることもできます。そのポートフォリオは評価や就職活動の際の自己 PR としても活用することができます。日本語能力試験 N3 以上の語彙には、巻末に語彙リストをつけていますので、必要に応じて学習者に確認させてください。

＜概要と構成＞

課のタイトル	その課で学ぶこと
第1課：おもてなしの心	・「おもてなしの心」とは何か ・接客で必要なおじぎ
第2課：人間関係構築	・第一印象の大切さ ・あいさつの仕方・表情
第3課：心配り	・お客さまへの案内と誘導の仕方（心配りの観点から） ・手で指し示す
第4課：相手を思う心	・相手のことを考えて確認する ・一歩進んだ応対
第5課：迅速な応対	・要望に応える ・迅速な応対
第6課：寄りそう心	・お客さまの意見や不満に対する傾聴・共感 ・クレームを聴く
第7課：柔軟な応対	・お客様の要望にそえない場合の柔軟な応対 ・断り方・代案の立て方
第8課：誠実な心	・要望に応えられない時の代案 ・誠実に応対するための謝罪

＜授業の時間配分例＞ （例：日本語能力試験 N2 相当レベル～ N3 相当レベル）

セクション1：

　＜考えましょう＞＜文化ノート＞：50 分～ 60 分

　＜見てみましょう＞会話とポイント：50 分～ 60 分

　＜基本練習＞：50 分～ 60 分

　＜応用練習＞：50 分～ 60 分

セクション2：

　＜考えましょう＞＜文化ノート＞：50 分～ 60 分

　＜見てみましょう＞会話とポイント：50 分～ 60 分

　＜基本練習＞：50 分～ 60 分

　＜応用練習＞：50 分～ 60 分

　＜まとめ問題＞：60 分～ 100 分

凡例 Usage guide / 凡例 / Hướng dẫn

N	名詞 （noun / 名词 / Danh từ）	
NP	名詞句 （noun phrase / 名词句 / Cụm danh từ）	
V	動詞 （verb / 动词 / Động từ）	

V-~~ます~~　ます形の語幹 （V-masu word step of masu form / 动词ます形　ます形的词干 /V- ます Từ gốc của thể ます）

V-~~する~~　する動詞（Ⅲグループの動詞）の「する」をとった形 （V-suru suru verb (group III verb) form with suru removed /「する」动词　三类动词去掉「する」/ V- する Hình thức lấy " する " của động từ する (Động từ nhóm III)）

尊敬形 （honorific form / 敬语 / Hình thức kính ngữ）

丁寧形 （polite form / 礼貌语 / Hình thức lịch sự）

丁寧体 （polite style / 礼貌体 / Thể lịch sự）

☺ 「おもてなしのフレーズ」（omotenashi phrase / 服务表达 / "Cụm từ Omotenashi"）

👤 お客さま （customer, guest / 客人 / Khách）

👤 スタッフ （staff, staff member / 工作人员，服务员 / Nhân viên）

👥 ペアワーク （pair work / 小组对话练习 / Luyện tập theo cặp）

敬語早見表 Honorifc simplified chart / 敬语一览表 / Bảng tra nhanh kính ngữ

尊敬語↑	辞書形	謙譲語↓
なさいます	します	いたします
召し上がります	食べます	いただきます
いらっしゃいます	来ます	参ります
いらっしゃいます	行きます	参ります
いらっしゃいます	います	おります
ご覧になります	見ます	拝見します

＜お客さまへお願いする時の表現＞

①お + V-ます + ください

待つ→お待ちください	取る→お取りください	進む→お進みください
かける→おかけください	座る→お座りください	使う→お使いください

②ご＋V-する＋ください

記入する→ご記入ください	確認する→ご確認ください	利用する→ご利用ください

・お＋V-ます＋いただけますか

待つ→お待ちいただけますか	取る→お取りいただけますか	進む→お進みいただけますか

③ご＋V-する（Ⅲグループの動詞）＋いただけますか

記入する→ご記入いただけますか	確認する→ご確認いただけますか	利用する→ご利用いただけますか

＊「確認する」、「記入する」、「利用する」などの動詞（V-する）は、お客さまのする行動について「ご」がつきます。

＊二重敬語になる場合もありますが、接客場面では、習慣的によく使われることが多いです。

＜スタッフ側がする行動表明＞

①お＋V-ます＋いたします

探す→お探しいたします	取る→お取りいたします	調べる→お調べいたします

②ご＋V-する（Ⅲグループの動詞）＋いたします

案内する→ご案内いたします	報告する→ご報告いたします	＊電話する→お電話いたします
確認する→確認いたします	記入する→記入いたします	利用する→利用いたします

＊「確認する」、「記入する」、「利用する」などの動詞は、スタッフのする行動について「ご」がつきませんが「連絡する」「案内する」「報告する」などの動詞には「ご」がつきます。「電話する」には和語なので「お」がつきます。

＊二重敬語になる場合もありますが、接客場面では、習慣的によく使われることが多いです。

＜Ｎ（名詞）＞

お＋和語：お電話番号、お部屋、お座席、お食事、お手洗い、お電話、お財布、お名前、お時間、お荷物、お履物、お召し物、お勘定、お手洗い、お席

ご＋漢語：ご住所、ご記入、ご予約、ご搭乗、ご搭乗口、ご搭乗券

お-/ご＋外来語：クレジットカード、ロビー

ＶからＮへ：お返し、お預かり、お預け、お使い、お取扱い、お尋ね

映像について
<ruby>映像<rt>えいぞう</rt></ruby>について

About the videos / 关于影片 / Về hình ảnh minh họa

◆ QR コードを読み取ると、そのセクションの見本会話を見ることができます。

Scan the QR code to see the sample conversations for the section.
扫描二维码，可以看到这个部分的视频。
Có thể xem các đoạn hội thoại mẫu của phần đó bằng cách đọc mã QR.

💬 見てみましょう①

📹 1

【レストランにお客さまが来ました】

スタッフ：(1) ［笑顔］ **いらっしゃいませ** ［笑顔］、
何名さまですか。

お客さま：4 人です。

スタッフ：4 名さまですね。(2) ただいま 4 名さま
のお席がいっぱいですので、こちらに(3) お名前をお書きになってお待ちく
ださい。

お客さま：はい。
［席の準備ができた］

スタッフ：(4) **お待たせいたしました。**4 名さまでお待ちの(5) 田中さま、(6) ご案内いた
します。
［席について、メニューを渡す］

(7) こちらがメニューでございます。(8) **お決まりになりましたら、お呼び**
ください。

◆ PC からは、下記サイトから見ることができます。

For PC users, the sample conversations can be accessed on the following website.
用电脑可以浏览下面的网站。
Có thể xem từ trang web dưới đây bằng máy tính.

ask-books.com/jp/omotenashi

◆アスク出版　ユーザーサポート

Ask Publishing User Support
ASK 出版公司 客服
Nhà xuất bản ASK　Hỗ trợ người dùng

support@ask-digital.co.jp

おもてなしの心
こころ

The Heart of Omotenashi
极致的款待之心
Tinh thần Omotenashi

セクション1 おもてなしの心：「いらっしゃいませ。何名さまですか。」
こころ　　　　　　　　　　　　　　　　　　なんめい

セクション2 おじぎ：「どうぞごゆっくりお過ごしくださいませ。」
す

Can-do

☐ 「おもてなしの心」とは何か、少し理解できるようになる。
こころ　　　　　　　　り　かい

☐ 会釈、敬礼、最敬礼ができるようになる。
え しゃく　けいれい　さいけいれい

おもてなしの心
「いらっしゃいませ。何名さまですか。」

The Heart of Omotenashi "Welcome. How many people are in your party?"
极致的款待之心 " 欢迎光临。请问您几位? "
Tinh thần Omotenashi "Kính chào quý khách. Quý khách đi mấy người ạ?"

「おもてなしの心」とは、相手に対する気遣いです。相手を思い、心配りをすることは決してチップなどの金銭では表せないものです。まずは、相手の気持ちに寄りそい、誠実な心で接します。そうすることで、人間関係が構築されます。また、「おもてなし」はマニュアル通りにはいきません。お客さまは、みな違います。だからこそ、マニュアルにはとらわれない柔軟な応対ができるようにならなければなりません。そして、常に周囲に目を配り、物事を瞬時に判断し、迅速に応対することも重要です。

このテキストでは、「おもてなしの心」「人間関係構築」、「心配り」、「相手を思う心」、「迅速な応対」、「寄りそう心」、「柔軟な応対」「誠実な心」の順に学ぶことができます。「おもてなしの心」をどのように言語で表すのかを学び、「おもてなし」の表現方法を身につけましょう。

The heart of omotenashi is having (and showing) concern for others. Concern and thoughtfulness for others are not things that can be expressed through monetary means such as tips. First, you must establish a closeness with their feelings and receive them with honesty. Doing so will help build interpersonal relationships. Also, omotenashi does not follow any manual. All customers are different. This is why you must be able to respond flexibly without being bound by manuals. It is also important to keep a watchful eye on your surroundings, make decisions instantly and respond quickly.

In this book, you will learn *omotenashi no kokoro* (the heart of omotenashi), *ningenkankei kouchiku* (building interpersonal relationships), *kokorokubari* (thoughtfulness), *aite wo omou kokoro* (being mindful of others), *jinsoku na taiou* (quick response), *yorisou kokoro* (closeness), *juunan na taiyou* (flexible response) and *seijitsu na kokoro* (honesty) in that order. Learn how to express the heart of omotenashi in words and the methodology behind omotenashi phrases.

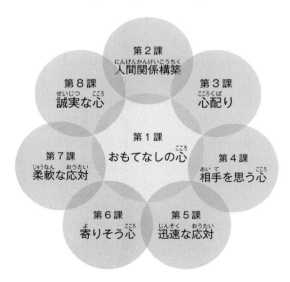

「おもてなしの心」

第2課 人間関係構築
第3課 心配り
第8課 誠実な心
第1課 おもてなしの心
第4課 相手を思う心
第7課 柔軟な応対
第6課 寄りそう心
第5課 迅速な応対

所谓 " 极致的款待之心 " ，即是对他人的关怀之心。对客人的关心、关怀，绝非小费等金钱所能衡量。首先，需要贴近对方的心，真诚以待。由此，才能构筑出良好的人际关系。其次， " 服务 " 不能照本宣科。客人都是形形色色的，各有不同。正因如此，须得脱离课本，结合实际，灵活应变。另外，时常观察周围环境，瞬间判断事态，并迅速做出处理的能力也很重要。

本教材依照 " 极致的款待之心 " 、 " 构筑人际关系 " 、 " 体贴周到 " 、 " 为对方着想 " 、 " 迅速反应 " 、 " 贴近对方的心 " 、 " 灵活应对 " 、 " 真诚待客 " 这个顺序来讲授。一起来学习怎样以语言来表达 " 极致的款待之心 " ，掌握 " 服务 " 的表达方式吧。

"Tinh thần Omotenashi" là sự quan tâm đến người khác. Nghĩ đến người khác, quan tâm chu đáo đến người khác tuyệt đối không thể hiện bởi tiền bạc như tiền tip v.v. . Trước tiên, cùng đồng hành với tâm trạng của khách hàng, tiếp xúc bằng trái tim chân thành. Bằng cách đó, mối quan hệ giữa người với người được xây dựng. Ngoài ra, "Omotenashi" không giống hệt sách hướng dẫn. Mọi khách hàng đều khác nhau. Chính vì vậy, phải đối ứng linh hoạt, không bị ràng buộc bởi sách hướng dẫn. Và thường xuyên quan sát xung qanh, phán đoán sự việc một cách nhanh chóng và đối ứng nhanh nhạy cũng rất quan trọng.

Bạn có thể học theo thứ tự "Tinh thần Omotenashi", "Cấu trúc mối quan hệ giữa người với người", "Sự quan tâm chu đáo" "Tấm lòng biết nghĩ về người khác", "Đối ứng nhanh chóng", "Tinh thần cùng dựa vào nhau", "Đối ứng linh hoạt", "Tấm lòng chân thành" trong quyển sách này. Hãy học diễn đạt "Tinh thần Omotenashi" bằng ngôn ngữ như thế nào và tích lũy cách diễn đạt "Omotenashi".

考えましょう

1. これまでに、感動した*サービスや印象に残っている接客*はありますか。

2. 日本とあなたの国の接客を比べて*みましょう。同じところや違うところはありますか。
（ホテル、レストラン、空港、デパート…）

3. あなたがお客さまの場合、①～④のスタッフにどのような接客をしてほしいですか。
①高級*ホテルのフロント
②ビジネスホテルのフロント
③コンビニ
④デパートのインフォメーションカウンター*

文化ノート

「おもてなし」と「ホスピタリティ」

「おもてなし」と「ホスピタリティ」は、相手のために何かをし、そこに金銭*は発生しない*ということでは同じです。しかし「おもてなし」は、その時だけではなく、お客さまがいない時にも心を配ります。また、「ホスピタリティ」は相手に対してフレンドリー（friendly）に接することが多いですが、「おもてなし」は相手との距離*は保ち、礼儀やマナーの上に成り立って*います。

例えば、現在日本では、チップ*の慣習*はありません。サービス料や商品*代金*にすでに含まれている場合が多く、サービスに対する感謝の気持ち*は、お金では表しません*。ただし、旅館によってはチップを渡す慣習が残っているところもあります。部屋を担当して*くれる人や荷物を運んでくれた人に対して渡します。「心づけ*」や「茶代」と言います。渡す時は、紙に包んだ*り、小さな封筒*に入れて渡します。

💬 見てみましょう①

【レストランにお客さまが来ました】

スタッフ：(1) ［笑顔］ <u>いらっしゃいませ</u> ［笑顔］、
何名さまですか。

お客さま：4人です。

スタッフ：4名さまですね。(2) <u>ただいま4名さま
のお席がいっぱいですので</u>、こちらに(3) お名前をお書きになって**お待ちく
ださい**。

お客さま：はい。

［席の準備ができた］

スタッフ：(4) **お待たせいたしました**。4名さまでお待ちの(5) 田中さま、(6)**ご案内いた
します**。

［席について、メニューを渡す］

(7) こちらがメニューでございます。(8) **お決まりになりましたら、お呼び
ください**。

💡 ここがポイント！

ポイント 1	［笑顔］ いらっしゃいませ ［笑顔］
	あいさつ

お客さまを迎える*時の「おもてなしのフレーズ」です。「いらっしゃい」に「ませ」をつけると丁寧に*なります。このテキストではこのような表現*を あいさつ と呼びます。お客さまに良い印象*を持ってもらえるように笑顔で応対しましょう。（→第2課セクション2）

ポイント 2	ただいま4名さまのお席がいっぱいですので
	理由

ここではすぐに案内できないので、その理由*を説明した*上で、お客さまに名前を書いて、待ってもらいます。このようにお客さまの要望*にすぐに応えられない*時など、お客さまに負担をかける*前には、まず理由を説明します。このテキストではこれを、 理由 と呼びます。

ポイント 3	お名前をお書きになってお待ちください。 お願い　　　（お＋V-ます＋ください）

お客さまに何かを頼む*時に使う丁寧な表現です。このテキストではこのようなお客さまへの依頼*表現を お願い と呼びます。

　例）こちらにお座りください。

ポイント 4	お待たせいたしました。 行動報告

ここではスタッフがお客さまに待たせたと思っていることを伝えています。このテキストではこのようにスタッフがした行動を伝えることを 行動報告 と呼びます。待ってもらった後に言う表現です。

ポイント 5	田中さま、 呼びかけ

お客さまを呼ぶ時は、「お客さま、」や「○○さま、」と言って呼びかけます。このテキストでは、これを 呼びかけ と呼びます。お客さまの名前がわかる時は、お客さまの名前で呼びましょう。例えば、「田中さおり」という名前を呼ぶ時は「田中さま」と言います。お客さまの名前を覚えることはとても大切な「おもてなし」です。お客さまの名前を一度聞いたら名前で呼びかけます。

ポイント 6	ご案内いたします。 行動表明

スタッフがこれからする行動を相手に事前*に伝える時に使う「おもてなしのフレーズ」です。このテキストでは 行動表明 と呼びます。「案内します」の謙譲語*は「ご案内いたします」です。

ポイント 7	こちらがメニューでございます。 情報提供

ここでは単に*メニューを渡すのではなく、今渡しているものが何かを説明しています。このようにお客さまに詳しい*情報を伝えることを、このテキストでは 情報提供 と呼びます。

ポイント 8	お決まりになりましたら、お呼びください。 お願い

「～たら」の前は「なったら」ではなく「なりましたら」と丁寧形を使います。「何を食べるか決まったら、呼んでください」という意味です。

基本練習

1. 【おもてなしのフレーズ】 次の時、何と言いますか。発音*に気をつけて練習しましょう。

① お客さまを迎える時

② お客さまを待たせた時

③ お客さまを案内する時

④ 決まったら呼んでくださいと言う時

2. 【「おもてなし」とは】 ①〜④の「おもてなしの心」は、どんなことですか。a. 〜 d. から

正しいものを選びましょう。

① 心配り 　　（ 　　）　　　　② 第一印象 （ 　　）

③ 柔軟な*応対（ 　　）　　　　④ 誠実な*心（ 　　）

a. 相手のことを考えて行動する。お客さまがペンを探しているようなら「もしよろしけ
れば、どうぞ。」と言ってペンを貸す。

b. お客さまの要望に対して柔軟に対応する*。応えられない場合は「大変申し訳ありませ
ん。」と言ってから、ほかの案を出す。

c. うそをつかず、「大変申し訳ありませんが、N はございません。」と正直に*言う。

d. 初めて会った時の印象。髪型*や服装*を整える*。

3. 【人数*を聞く】 お客さまの人数を確認しましょう。スタッフがお客さまの人数を言う時
は、「〇人」ではなく、「〇名さま」を使います。

例）スタッフ：何名さまですか。

お客さま：2人です。

スタッフ：2名さまですね。

① 1人　　　　② 4人　　　　③ 5人　　　　④ 10人

4. 【 お願い ：お＋V-ます＋ください】 お客さまに丁寧にお願いしましょう。

例）スタッフ：待つ　→　お待ちください。

① 書く　　　　② 座る　　　③ 使う　　　④ 取る　　　⑤ 持つ

応用練習

会話のヒントを見ながら、レストランスタッフになって「おもてなし」をしましょう。

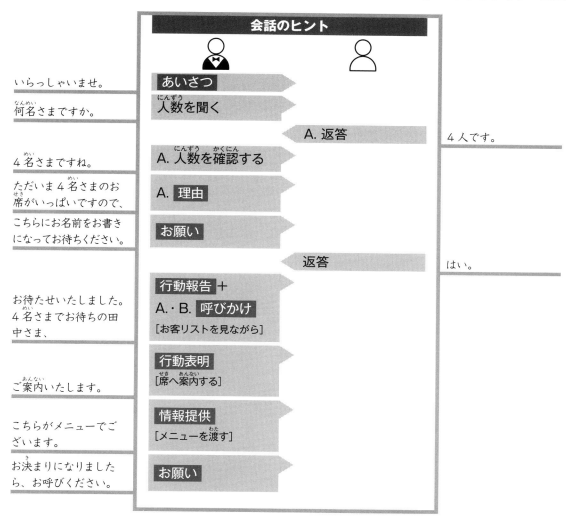

会話のヒント

いらっしゃいませ。　→　あいさつ

何名さまですか。　→　人数を聞く

　　　　　　　　　　A. 返答　←　4人です。

4名さまですね。　→　A. 人数を確認する

ただいま4名さまのお席がいっぱいですので、　→　A. 理由

こちらにお名前をお書きになってお待ちください。　→　お願い

　　　　　　　　　　返答　←　はい。

お待たせいたしました。4名さまでお待ちの田中さま、　→　行動報告＋A・B. 呼びかけ　[お客リストを見ながら]

ご案内いたします。　→　行動表明　[席へ案内する]

こちらがメニューでございます。　→　情報提供　[メニューを渡す]

お決まりになりましたら、お呼びください。　→　お願い

① A. 6人
B. 小林さま

② A. 1人
B. 山下さま

③ A. 8人
B. キムさま

④ 自由に考えて、話しましょう。

おじぎ
「どうぞごゆっくりお過ごしくださいませ。」

Bowing "Please enjoy your stay."
(日式) 行礼 *"请慢用。/ 请好好休息。"*
Cúi chào "Quý khách thong thả ạ."

「おじぎ」は、あいさつを言葉だけでなく、目に見える形で表したものです。おじぎには会釈、敬礼、最敬礼があり、敬意の度合いや状況によって使い分けます。また、頭を下げる度合いは、その人の感謝や謝罪などの気持ちの深さを表します。

Ojigi (bowing) is the expressing of a greeting in a visible form rather than just in words. There are several types of bows: 会釈 *eshaku* (slight bow), 敬礼 *keirei* (bow) and 最敬礼 *saikeirei* (respectful bow). Which one is used depends on the degree of respect and the surrounding circumstances. Bowing one's head also shows the depth of the gratitude or apology that one feels.

（日式）行礼，不仅是用语言来打招呼，还要伴随着目之可见的动作。依照表达敬意的程度和情况，分为轻微致意、鞠躬、深鞠躬。并且，根据鞠躬角度的不同，可以表达出感谢或道歉的情感深度。

"Cúi chào" là cách diễn đạt lời chào không chỉ bằng lời nói mà bằng hình thức thấy được bằng mắt. Cúi chào được chia thành nhiều loại gồm: cúi đầu nhẹ (15 độ), cúi chào lịch sự (30 độ), cúi chào sâu bày tỏ sự kính trọng (45 độ) tùy vào mức độ tôn trọng và tình hình thực tế. Ngoài ra, mức độ hạ thấp đầu thể hiện sự sâu sắc trong tình cảm như lòng biết ơn hay sự tạ lỗi v.v. của người đó.

会釈

敬礼

最敬礼

頭を上げる時は、下げる時よりもゆっくり行うと、美しいおじぎになります。また、頭を下げて、一度止め、それから上げると動作にメリハリ*がつきます。相手の心に残るおじぎを身につけましょう。

When raising your head, rising more slowly than bowing when lowering your head will make your bow more aesthetically pleasing. Also, when bowing, pausing briefly before raising your head will add balance to your bow. Try to develop a bow that will leave a lasting impression.

起身的时候，比弯腰的时候慢一些的话，鞠躬的姿态会更优美。并且，弯腰之后，停顿一下再起身，动作会更张弛有度、大方得体。一起来学习能打动对方的鞠躬诀窍吧。

Khi ngẩng đầu lên, nếu ngẩng lên chậm rãi so với khi cúi thì sẽ thành cái cúi chào đẹp. Hơn thế nữa, khi cúi đầu, dừng lại một chút rồi mới ngẩng lên sẽ giúp thấy rõ các động tác. Hãy tập cho mình cách cúi chào gây ấn tượng trong lòng người đối diện.

考えましょう

1. 人と会った時にするあいさつはおじぎだけではありません。握手*やハグ*などさまざ
ま*です。みなさんの国ではどのようなあいさつをしますか。

2. 日本では、相手や場面*によっておじぎの仕方も異なります*。みなさんの国ではどの
ようなあいさつやおじぎをしますか。次の①～④を考えましょう。

①仕事で初めて会った人
②お客さまとすれ違った*時
③目上*の人との待ち合わせ時間に、自分が遅れて到着した*時
④会議中、遅れて会議室に入る時

文化ノート

分離礼*と同時礼*

　おじぎには、「分離礼」と「同時礼」があります。「分離礼」とは、あいさつの言葉
を先に言ってから、その後におじぎをすることです。「同時礼」とは、あいさつの言葉
を言いながらおじぎをすることです。分離礼のほうが、同時礼よりも丁寧です。状況*
に合わせて判断*し、使い分けましょう*。

分離礼

同時礼

💬 見てみましょう②

■🎥 3

【会話１：お客さまとホテルのロビー*ですれ違います】

スタッフ：[一度立ち止まって*] (1) <u>おはようございます。</u>[会釈*]

お客さま：おはよう。

【会話２：ブランドショップで会計をした後】

スタッフ：(2) <u>どうもありがとうございました。</u>[会釈] 出口までお持ちします。

お客さま：ありがとう。

　　　　　[出口で見送り*]

スタッフ：(3) <u>どうもありがとうございました。またお待ちしております。</u>[敬礼*]

お客さま：ありがとう。

【会話３：レストランでお客さまに呼ばれました】

お客さま：すみません、ここに髪の毛が入っているんですけど。

スタッフ：(4) [困った*表情*] <u>大変申し訳ございません。</u>[敬礼]

　　　　　すぐに新しいものを準備いたします。

　　　　　(5) <u>今後*このようなことがないようにいたします。</u>(6) <u>大変申し訳ございませんでした。</u>[最敬礼*]

💡 ここがポイント！

ポイント 1	おはようございます。[会釈]	
	朝の あいさつ	

朝、お客さまとすれ違った時は「おはようございます」とあいさつして会釈をします。また、ロビーですれ違った時、お客さまに「いらっしゃいませ」と言って会釈します。この時、立ち止まって言うことが大切です。

ポイント 2	どうもありがとうございました。[会釈]
	感謝

お客さまが買い物したり、お客さまに何かしてもらったりしたときに、お礼*を伝えるフレーズです。軽く*会釈します。このテキストではお礼の気持ちを伝えることを 感謝 と呼びます。

ポイント 3-1	またお待ちしております。
	お＋ V-ます＋しております

「～ています」の謙譲語は、「～ております」です。

例）ただいまお調べしております。

ポイント 3-2	どうもありがとうございました。またお待ちしております。[敬礼]
	感謝　　　　　　　＋　　　　　　行動表明

ここは「どうもありがとうございました。」と 感謝 を伝えた後、次の来店*を待っていることを伝える 行動表明 をしてから敬礼します。

ポイント 4	[困った表情] 大変申し訳ございません。[敬礼]
	まず 謝罪

レストラン側に非がある*ので、まず丁寧に謝ります*。決して*笑顔で言わないよう気をつけましょう。言い終わった後は敬礼をします。このテキストでは謝ることを 謝罪 と呼びます。

ポイント 5	今後このようなことがないようにいたします。
	行動表明

このようにレストラン側に非があった時、今後このようなことがないように気をつけると反省している*ことを伝える 行動表明 をします。

ポイント 6	大変申し訳ございませんでした。[最敬礼]
	深く* 謝罪

深く感謝する時や、深く謝る時に最敬礼をします。スタッフ側に非があった時は、最敬礼で丁重に*謝罪する*ことが大切です。

基本練習

1. 【おもてなしのフレーズ】 次の時、何と言いますか。発音に気をつけて練習しましょう。

　① 朝のあいさつ

　② お礼を言う時

　③ お礼を言ってお客さまが次に来ることを待っていると伝える時

　④ 深く謝罪する時

　⑤ 今後このようなことがないようにすることを伝える時

2. 【おじぎ】 次のフレーズを、おじぎに気をつけながら練習をしましょう。それぞれ、同時礼と分離礼で練習しましょう。

　① 会釈「おはようございます。」

　② 敬礼「また、お待ちしております。」

　③ 最敬礼「大変申し訳ございませんでした。」

3. 【おじぎ】 次の時、何と言いますか。おじぎと一緒に練習しましょう。

　① 朝、お客さまとすれ違った時

　② お客さまが買い物をした後、感謝を言う時

　③ 謝る時

　④ お客さまに深く謝罪する時

　⑤ お客さまが店に来た時

　⑥ お客さまに深く感謝の気持ちを伝える時

　⑦ お客さまに、またの来店を待つと伝える時

　⑧ 昼、お客さまとすれ違った時

4. 【 行動表明 】 お客さまに丁寧に伝えましょう。

　例）スタッフ：今、調べる　→ただいまお調べいたします。

　① 今、取る

　② 今、予約を取る

　③ 今、運ぶ

応用練習

会話のヒントを見ながら、謝罪しましょう。

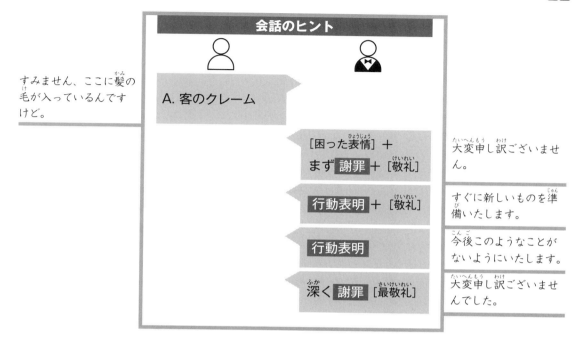

会話のヒント

A. 客のクレーム

すみません、ここに髪の毛が入っているんですけど。

[困った表情] ＋ まず 謝罪 ＋ [敬礼]
大変申し訳ございません。

行動表明 ＋ [敬礼]
すぐに新しいものを準備いたします。

行動表明
今後このようなことがないようにいたします。

深く 謝罪 [最敬礼]
大変申し訳ございませんでした。

① A.（アレルギー*の）ナッツ

② A. 変な物

③ A. 虫*

④ 自由に考えて、話しましょう。

まとめ問題

1. 正しいペアを線で結び、「おもてなしのフレーズチェックリスト」（→ pp.168 ～ 169）で確認しましょう。

   ① お客さまを見送る時　　　　・　　　　・いらっしゃいませ

   ② 謝罪する時　　　　　　　　・　　　　・お待たせいたしました

   ③ 迎える時　　　　　　　　　・　　　　・ご案内いたします

   ④ 待たせた時　　　　　　　　・　　　　・お決まりになりましたら、お呼びください

   ⑤ 案内する時　　　　　　　　・　　　　・またお待ちしております

   ⑥ 決まったら呼んでもらうお願い・　　　　・大変申し訳ございません

   ⑦ 反省を伝える時　　　　　　・　　　　・今後このようなことがないようにいたします

2. おじぎには、会釈、敬礼、最敬礼があります。それぞれどんな時に使いますか。

   ① 会釈

   ② 敬礼

   ③ 最敬礼

3. 「おもてなしの心」とは何でしょうか。pp.6 ～ 9 と p.22 を読んで話し合いましょう。

4. 行動表明 には、どんな表現がありますか。第1課で学んだ 行動表明 をふりかえりましょう。

5. 感謝 や 謝罪 には、どんな表現がありますか。

6. 会話のヒントを見ながら、案内しましょう。ペアワークの様子を録画してポートフォリオも作りましょう。

　👤👤 : あなたはレストランでお客さまを案内する係*です。人数を聞きます。席がいっぱいなので、名前を書いてもらい、準備ができたら、席まで案内しましょう。

　👤 : あなたはレストランに友達と食事に来ました。スタッフに人数を伝えましょう。

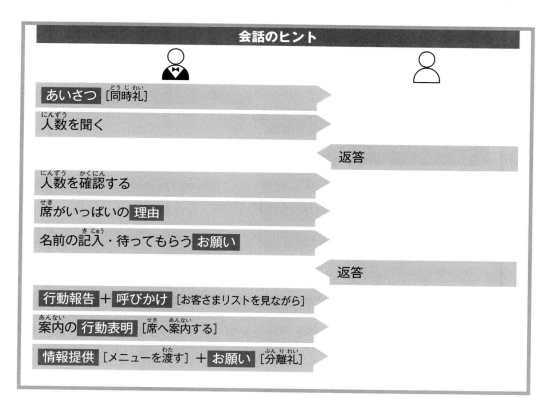

会話のヒント

- あいさつ [同時礼]
- 人数を聞く
- 返答
- 人数を確認する
- 席がいっぱいの 理由
- 名前の記入・待ってもらう お願い
- 返答
- 行動報告 ＋ 呼びかけ [お客さまリストを見ながら]
- 案内の 行動表明 [席へ案内する]
- 情報提供 [メニューを渡す] ＋ お願い [分離礼]

7. 「考えましょう」に戻って、もう一度考えましょう。

Can-do チェック！

☐ 「おもてなしの心」とは何か、少し理解できるようになる。
☐ 会釈、敬礼、最敬礼ができるようになる。

名刺交換

Exchanging Business Cards / 交換名片 / Trao đổi danh thiếp

【名刺*交換の役割】

- 自己紹介
- 連絡先を伝える
- ビジネスパーソン*としての常識判定

【名刺交換の基本マナー】

- 名刺の身だしなみ*（名刺は汚れていないか、折れていないか）
- 目下*の人や訪問者から先に差し出す*
- 正面に立って交換する
- 名刺はいつも持っている
- 複数人の時は、役職*の高い人同士から交換する

【名刺交換の流れ】

1. 名刺を差し出す

「（会社名）の（名前）と申します。」
注意：相手が読みやすい向きで渡す
　　　名刺入れ*の上にのせる
　　　名刺入れの輪*が相手側*に向くようにする

2. 交換する

「頂戴いたします。」
注意：相手が受け取りやすい位置*で渡す
　　　名刺入れを左で持ち、右手で渡す

3. 確認する

「（相手の名前）さまでいらっしゃいますね。
どうぞよろしくお願いいたします。」

にんげんかんけいこうちく
人間関係構築

Building Interpersonal Relationships
构筑人际关系
Cấu trúc mối quan hệ giữa người với người

セクション1 第一印象：「こんにちは。」だいいちいんしょう

セクション2 表情：「おはようございます。」ひょうじょう

Can-do

☐ 第一印象を良くする身だしなみを整えることができる。だいいちいんしょう　　　　　　　み　　　　　とと の

☐ 良い人間関係を構築するためのあいさつができる。にんげんかんけい　こうちく

第一印象
「こんにちは。」

First Impression "Hello."
第一印象"您好。"
Ấn tượng đầu tiên "Xin chào quý khách."

「第一印象」は会ったその瞬間に決まってしまいます。言葉を交わさなくても、3～5秒で相手を判断することもあります。最初に接するスタッフの15秒の応対で、お客さまはその企業の価値を判断することができます。そのため、お客さまと最初に接する受付や電話応対などは特に気をつけなければなりません。最初に受けた印象を変えることはとても難しいので、常に企業の代表であるという意識を持つことが大切です。

Daiichi inshou (first impressions) are made the moment you meet someone. Even if no words are exchanged, it may only take three to five seconds to make up one's mind about someone. After a 15-second initial response from a staff member, customers can judge the value of a company. For this reason, special attention must be paid to customer reception and telephone correspondence, as they are points of first contact with the customer. It is very difficult to change a first impression, so it is important to always be aware of your role as a company representative.

初见的一瞬间第一印象就已经形成。即使不交谈，对方也会在 3~5 秒之间就做出判断。顾客通过最先接触的员工前 15 秒的表现，即能判断出企业的价值。因此，服务业从业人员必须特别注意来自顾客的初次咨询或电话。因为第一印象很难改变，必须时刻注意自己代表着企业的形象。

"Ấn tượng đầu tiên" được quyết định bởi khoảnh khắc vừa gặp. Có khi không trao đổi lời nói với nhau nhưng chỉ từ 3 ~ 5 giây mà đánh giá người đối diện. Bằng đối ứng trong 15 giây của đội ngũ nhân viên tiếp xúc đầu tiên, khách hàng có thể đánh giá giá trị của doanh nghiệp đó. Do đó, đội ngũ lễ tân, tiếp điện thoại v.v. là những người tiếp xúc đầu tiên với khách hàng cần phải đặc biệt cẩn thận. Vì khó mà thay đổi được ấn tượng đã có ban đầu nên quan trọng là việc bạn thường xuyên có ý thức rằng mình là đại diện của doanh nghiệp.

📄 考えましょう

1. 「おしゃれ」と「身だしなみ」は何が違いますか。

2. あなたはホテルのフロントスタッフです。どのような身だしなみがいいと思いますか。次の写真を見て、考えましょう。

いい例

悪い例

文化ノート

先入観を持たない

　みなさんは、日本人に対してどのようなイメージ*を持っていますか。日本語を話す、まじめ、時間に厳しい、などのイメージがあると思います。しかし、そのイメージで日本人全員がそうだと決めつけて*はいけません。現在は国や性別*、価値観*などの違いを越えて*、人々が一緒に生きている社会です。例えば、空港のチェックインカウンター*でアメリカのパスポート*を持ってきたお客さまに対して、最初から英語で対応していることがあります。しかし、パスポートや見た目*で判断してはいけません。お客さまの出身はアメリカかもしれませんが、日本で育ち、英語が話せない人もいるかもしれません。まずは日本語で話しかけ*、相手の反応*を見て、英語で対応するなど、お客さまにあった応対をするようにしましょう。

💬 見てみましょう①

 4

【会話1：旅館のロビーでお客さまと話しています】

スタッフ：(1) **こんにちは。**［笑顔］(2) 小林さまの
お部屋を担当いたします、田中と**申し
ます。**(3) **どうぞよろしくお願いいたし
ます。**

お客さま：あっ、小林です。よろしくお願いします。

スタッフ：(4) **何かわからないことがございましたら、いつでもお声がけ*ください。**
または、(5) **フロントにお電話していただければ、すぐにうかがいます。**

お客さま：わかりました。

【会話2：会社の受付にお客さまが来ました】

スタッフ：(1) **いらっしゃいませ。**［笑顔］

お客さま：山中さんと約束している林ですが…。

スタッフ：(6) **少々お待ちください。**
［内線電話*をかける］
ただいま参りますので、そちらでお待ちください。

💡 ここがポイント！

| ポイント 1 | **こんにちは。**［笑顔］ あいさつ | **いらっしゃいませ。**［笑顔］ あいさつ | 😊 |

第一印象が良いか悪いかは、このあいさつで決まります。ホテルやレストランでお客さまを初めて迎える時には「いらっしゃいませ」とあいさつします。笑顔と整った身だしなみでお客さまを迎えて、お客さまにいい印象を持ってもらえるよう心がけましょう*。

| ポイント 2 | **小林さまのお部屋を担当いたします、田中と申します。** 情報提供 ＋ 自己紹介（名前 ＋ と申します） |

お客さまに情報や状況を伝えています。このテキストでは 情報提供 と呼びます。そして、お

40

客さまや目上の人に自己紹介する時は「〜と申します」を使います。人間関係*をよくするために自己紹介をします。

例）こちらのフロア*を担当いたします、坂井と申します。

ポイント 3	どうぞよろしくお願いいたします。 あいさつ

基本的な*表現ですが、人間関係をよくするために大切な表現です。笑顔やおじぎにも気をつけましょう。お客さまと良い関係を作ることは、「おもてなし」において大切です。

ポイント 4-1	何かわからないことがございましたら、いつでもお声がけください。 条件提示（何か ＋ NP ＋ がございましたら）　お願い

何かわからないことや気になる点*、わかりにくいことがある時は、いつでも声がけをしてもらうように伝える言い方です。このテキストでは、「〜ば」や「〜たら」などの表現を条件提示と呼びます。

例）何かご不明な点がございましたら、いつでもお声がけください。

ポイント 4-2	いつでもお声がけください。 声がけの お願い

人間関係を構築するために、お客さまに気軽に声をかけてもらうために使う表現です。同じような意味で「いつでもお呼びください。」などがあります。

ポイント 5	フロントにお電話していただければ、すぐにうかがいます。 条件提示　（V ＋ ていただければ）　行動表明

お客さまに呼ばれた場合、すぐに行動をすることを伝える表現です。「お声がけいただければ、すぐにうかがいます。」もよく使います。

ポイント 6	少々お待ちください。 待ってもらう お願い

お客さまに待ってもらう お願い をする時に使います。何も言わずにお客さまを待たせる*のではなく、待ってもらうように お願い をしてから待ってもらうことが「おもてなし」です。

1. 【おもてなしのフレーズ】　次の時、何と言いますか。発音に気をつけて練習しましょう。

　　① 昼のあいさつ

　　② 自己紹介する時のあいさつ

　　③ わからないことがあったら、声をかけてもらうようにお願いする時

　　④ すぐに行くと行動表明する時

　　⑤ お客さまに待ってもらうようにお願いする時

2. 第一印象がいい身だしなみはどれですか。

　① 　　② 　　③

3. 【名前＋と申します】　お客さまに自己紹介しましょう。

　　例）小林さまの部屋／田中

　　　→小林さまのお部屋を担当いたします、田中と申します。どうぞよろしくお願いいたし

　　　ます。

　　① 受付／自分の名前　　　　　　　　② このフロア／自分の名前

4. 【NP ＋ございましたら】　お客さまにお願いしましょう。

　　例）わからないこと

　　　→何かわからないことがございましたら、いつでもお声がけください。

　　① ご不明な点　　　② 気になる点　　　③ わかりにくいこと　　　④ 聞きたいこと

5. 【V ＋ていただければ】　例のように練習してみましょう。

　　例）フロントに電話する

　　　→フロントにお電話していただければ、すぐにうかがいます。

　　① ボタンを押す　　　② 教える　　　③ 呼ぶ　　　　④ 声がけする

応用練習

会話のヒントを見ながら、自己紹介_{じ こ しょうかい}をしましょう。

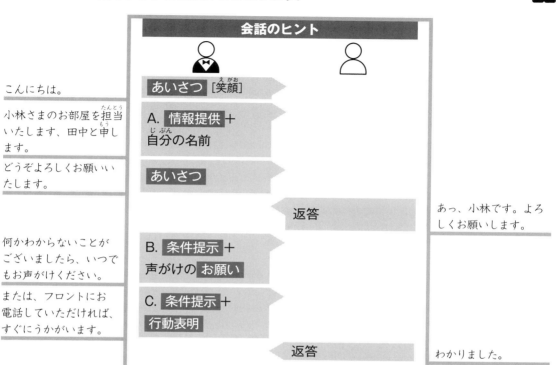

こんにちは。

小林さまのお部屋を担当_{たんとう}いたします、田中と申_{もう}します。

どうぞよろしくお願いいたします。

会話のヒント

あいさつ［笑顔_{えがお}］

A. 情報提供 ＋
自分_{じ ぶん}の名前

あいさつ

返答

あっ、小林です。よろしくお願いします。

何かわからないことがございましたら、いつでもお声がけください。

または、フロントにお電話していただければ、すぐにうかがいます。

B. 条件提示 ＋
声がけの お願い

C. 条件提示 ＋
行動表明

返答

わかりました。

① A. この部屋／自分_{じ ぶん}の名前

　　 B. わからないこと

　　 C. こちらのボタンを押す

② A. このフロア／自分_{じ ぶん}の名前

　　 B. ご不明_{ふ めい}な点_{てん}

　　 C. 呼ぶ

③ A. 受付_{うけつけ}／自分_{じ ぶん}の名前

　　 B. 聞きたいこと

　　 C. 電話する

④ 自由_{じ ゆう}に考えて、話しましょう。

セクション2 **表情**
「**おはようございます。**」

Facial Expressions "Good morning."
表情 " 早上好。"
Thái độ "Kính chào quý khách."

「表情」は第一印象を左右する重要な要素です。お客さまと接している時だけ笑顔でいるのではなく、「いつでも対応しますよ」という思いを込めて、いつも柔らかい表情で待機していることも「おもてなし」です。また、表情はおじぎをしている時や、遠くからでもよく見えます。普段*から表情を意識するようにしましょう。

Hyoujou (facial expressions) are equally as important as first impressions. Rather than only putting on a smile when assisting customers, part of omotenashi is regularly maintaining a gentle expression that says, "I can assist you at any time". Also, be aware that your facial expression can be seen from a distance when bowing. Try to always be mindful of you facial expressions.

表情是影响第一印象的重要因素。仅仅是在给客人提供服务时面带笑容还不够，要带着"时刻准备好为您服务"的意识，时时注意维持亲切随和的表情，这也是"极致款待"的一部分。并且，不管是在给客人鞠躬时，还是离客人尚有一段距离，服务人员的表情都会被看得一清二楚。平时就需要有意识地进行表情管理。

Thái độ là yếu tố quan trọng quyết định ấn tượng ban đầu. Không phải chỉ khi tiếp xúc khách hàng mới tươi cười mà việc thường xuyên chờ đợi với suy nghĩ "Lúc nào tôi cũng sẵn sàng đối ứng" với thái độ nhẹ nhàng cũng là "Omotenashi". Hơn thế nữa, khi cúi chào hay nhìn từ xa, thái độ cũng được thấy rõ. Thường ngày, hãy cố gắng ý thức về thái độ của mình.

考えましょう

1. 外国人社員 A と一緒に働く日本人から次のような意見がありました*。どうしてこの日本人は、A さんが笑顔に見えないと思うのでしょうか。

「接客業*なのでどんな時も笑顔でいることが大切です。時々、外国人社員の A さんに、笑顔で応対するように注意することがありますが、A さんはいつも「笑っています」と言います。本人は笑顔でいるつもりでも、私から見たら笑顔ではありません。」

2. 鏡を見て自然な笑顔を確認しましょう。確認できたら、その笑顔をできるだけ長く続けられるように練習しましょう。

口角が
上がって*いますか。

口を隠して*も笑顔
だとわかりますか。

物の指し示し*と受け渡し*

　物を指し示す時は、人差し指*だけでは指しません。日本の「おもてなし」の場面では、指をそろえて*、手のひら*を上にして指し示します。

悪い例

悪い例

正しい例

　また、物の受け渡しは必ず両手*で行う*のが基本です。相手が受け取り*やすい位置に合わせて渡すようにしましょう。距離があって片手*で渡す場合は、もう片方*の手をそえて*「片手で失礼いたします」と言います。そうすると、「気持ちとしては両手で渡しています」という気持ちを表すことができます。動作*に込められた*気持ちが大切なのです。

両手で渡す時

片手で渡す時

💬 見てみましょう②

📹 5

【空港のチェックインカウンターでお客さまと話しています】

スタッフ：(1) [笑顔] **おはようございます。**[笑顔でおじぎ] **パスポートをお願いします。**

お客さま：はい。[パスポートを渡す]

スタッフ：ありがとうございます。
田中さま、(2) **お預け*のお荷物はございますか。**

お客さま：ありません。

スタッフ：(3) **かしこまりました。**
(4) **お座席*ですが、窓側*35A でご予約(を)いただいて*おります。**
パスポートをお返しします。[搭乗券*を見せながら] (5) **こちらがご搭乗券でございます。**(6) **ご搭乗口*61番** [手をそえる]、**9時25分から搭乗*開始*でございます。**[搭乗券を渡す] どうもありがとうございました。
(7) [笑顔] **いってらっしゃいませ。**[笑顔でおじぎ]

💡 ここがポイント！

ポイント 1	[笑顔] **おはようございます。**[笑顔でおじぎ]	😊
	あいさつ	

まずは笑顔で、お客さまを迎えましょう。笑顔であいさつすることで第一印象がよくなり、お客さまといい人間関係を作ることができます。

ポイント 2	**お預けのお荷物はございますか。**
	確認 （お＋V-ます／ お＋N（和語*））

V-ますに「お」をつけると名詞(N)になり、丁寧になります。また、Nが和語なら「お」を、漢語*なら「ご」を前につけます。お客さまに言われる前に、スタッフから「お預けのお荷物はございますか。」と、先に聞くことが大切です。このテキストでは、お客さまの要望*や情報を聞くことを 確認 と呼びます。

例）① お名前はご記入いただけましたか。

46

② ほかにご要望は、ございますか。

ポイント 3　**かしこまりました。**
[承知]

お客さまの要望や返答*を理解した*と伝えるスタッフのフレーズです。理解したことを伝えることは「おもてなしの心」を伝えるのに大切です。このテキストでは、この表現を[承知]と呼びます。そのほかに、「承知しました」や「承知いたしました」という言い方もあります。

ポイント 4　**お座席ですが、窓側 35A でご予約（を）いただいております。**
[トピック]　＋　[情報提供]

はじめに*何について話しているかをはっきりさせる*ために「お座席ですが、」と言って会話を始めます。このテキストでは、[トピック]と呼びます。また、空港、ホテル、レストランなどでお客さまに予約をもらっている状況をお客さまに伝える時、この[情報提供]を使います。お客さまに予約をもらっているという状況をはっきり説明することが大切です。

ポイント 5　**こちらがご搭乗券でございます。**
[情報提供]

「N でございます」は「N です」の丁寧な言い方です。「N があります」の丁寧な形の「N がございます」とは意味が違いますから注意しましょう。
　例）お席は通路側*35C でございます。

ポイント 6　**ご搭乗口 61 番 [手をそえる]、9 時 25 分からご搭乗開始でございます。**
[情報提供]

まず搭乗券を手で持って、お客さまが読みやすい向きで見せます。それから搭乗券の文字を手で追いながら「ご搭乗口 61 番、9 時 25 分からご搭乗開始でございます。」と丁寧に説明して、両手で搭乗券を渡します。これらの動作で「おもてなし」を伝えることができます。

ポイント 7　**[笑顔] いってらっしゃいませ。[笑顔でおじぎ]**
[見送る] [あいさつ]

お客さまが出かける時、見送るあいさつです。空港、ホテル、旅館などで使います。「いってらっしゃい」に「ませ」をつけて丁寧に言います。この時、笑顔とおじぎを忘れないようにしましょう。

基本練習

1. 【おもてなしのフレーズ】 次の時、何と言いますか。発音に気をつけて練習しましょう。
    ① 朝、お客さまに会った時のあいさつ
    ② 承知したことを伝える時
    ③ お客さまを見送る時のあいさつ

2. 【表情】 次のあいさつのフレーズはどんな表情で言いますか。表情に気をつけながら言いましょう。おじぎも忘れずにしましょう。
    ① 「こんにちは」　　　② 「おはようございます」　　　③ 「いらっしゃいませ」
    ④ 「いってらっしゃいませ」　　　⑤ 「大変申し訳ありませんでした」

3. 【指し示す】 相手に券や地図などを見せながら、下線*のところは手をそえて、言いましょう。そしてお客さまが読みやすい向き*で渡しましょう。
    例）搭乗券：搭乗口61番、9時25分から搭乗開始
    →こちらがご搭乗券でございます。ご搭乗口61番、9時25分から搭乗開始でございます。
    ① 食事券：午前6時から利用可能　　　② 地図：駅はこちら
    ③ 搭乗券：席は窓側2A　　　④ デパートの案内図：くつ売り場*は3階

4. 【お＋V-ます／お＋N（和語）／ご＋N（漢語）】 「お」と「ご」に注意して、練習しましょう。
    例）預ける→お預け　　荷物→お荷物　　予約→ご予約
    ① 座席　　② 搭乗券　　③ 渡す　　④ 席　　⑤ 時間
    ⑥ 返す　　⑦ 搭乗口　　⑧ 探す　　⑨ 部屋　　⑩ 案内

5. 【 トピック ＋ 情報提供 】 場面を考えながら、練習しましょう。
    例）座席／窓側*35A
    →お座席ですが、窓側35Aでご予約（を）いただいております。（場面：空港）
    ① 座席／通路側32C　　　　② 部屋／5階の海側*505
    ③ 席／窓側

48

応用練習

会話のヒントを見ながら、お客さまに良い第一印象^{だいいちいんしょう}を持ってもらえるように話しましょう。

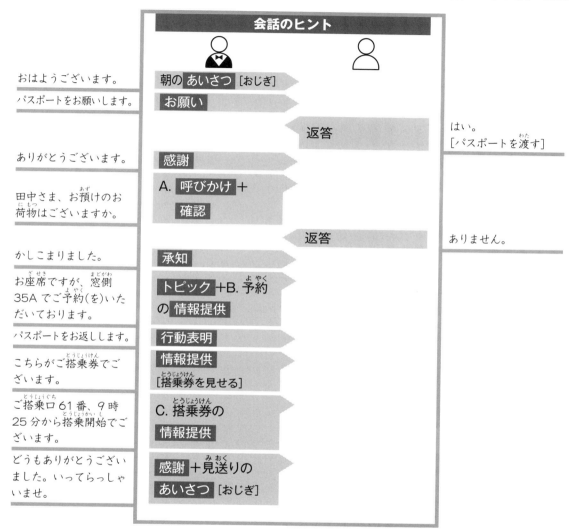

会話のヒント

おはようございます。 → 朝の あいさつ [おじぎ]

パスポートをお願いします。 → お願い

返答 → はい。
[パスポートを渡^{わた}す]

ありがとうございます。 → 感謝

田中さま、お預^{あず}けのお荷物^{にもつ}はございますか。 → A. 呼びかけ ＋ 確認

返答 → ありません。

かしこまりました。 → 承知

お座席^{ざせき}ですが、窓側^{まどがわ}35A でご予約^{よやく}（を）いただいております。 → トピック ＋B. 予約^{よやく}の 情報提供

パスポートをお返しします。 → 行動表明

こちらがご搭乗券^{とうじょうけん}でございます。 → 情報提供 [搭乗券^{とうじょうけん}を見せる]

ご搭乗口^{とうじょうぐち}61番、9時25分から搭乗開始^{とうじょうかいし}でございます。 → C. 搭乗券^{とうじょうけん}の 情報提供

どうもありがとうございました。いってらっしゃいませ。 → 感謝 ＋見送^{みおく}りの あいさつ [おじぎ]

① A. 山田京子^{やまだきょうこ}さま
　 B. 窓側^{まどがわ}、35A の予約^{よやく}
　 C. 搭乗口^{とうじょうぐち}：61／搭乗開始^{とうじょうかいし}：9:25

② A. 山本正雄^{やまもとまさお}さま
　 B. 通路側^{つうろがわ}、28C の予約^{よやく}
　 C. 搭乗口^{とうじょうぐち}：36／搭乗開始^{とうじょうかいし}：10:50

③ 自由^{じゆう}に考えて、話しましょう。

まとめ問題

1. 正しいペアを線で結び、「おもてなしのフレーズのチェックリスト」(→ pp.168 ～ 169)
   で確認しましょう。

   ① 待ってもらうお願い   ・   ・少々お待ちください

   ② 見送る時   ・   ・どうぞよろしくお願いいたします

   ③ 人間関係構築のためのあいさつ・   ・いつでもお声がけください

   ④ 理解したことを伝える時   ・   ・かしこまりました

   ⑤ 気軽に声をかけてもらうお願い・   ・いってらっしゃいませ

2. どうすればお客さまと良い人間関係を構築することができると思いますか。考えましょう。

   ① 表情はどうしますか。

   ② 初めて会った時はどうしますか。

3. pp.150 ～ 151 にある航空券、お食事券、館内図、地図に手をそえながら説明する練習
   をしましょう。

   例) スタッフ：こちらが ＿＿＿＿＿＿＿＿ でございます。

            ＿＿＿＿＿＿ は ［手をそえながら］ ＿＿＿＿＿＿＿＿＿＿＿ でございます。

4. 予約の確認を トピック ＋ 情報提供 で言ってみましょう。

5. 会話のヒントを見ながら、お客さまに良い第一印象を持ってもらえるよう話しましょう。ペアワークの様子を録画してポートフォリオも作りましょう。

⬛ : あなたは空港チケットカウンターで仕事をしています。お客さまが空港チケットカウンターに来たら、あいさつをして、チェックイン業務をしましょう。搭乗券のご案内は、手をそえて行いましょう。

🧑 : あなたはチェックインのため、空港チケットカウンターに来ました。

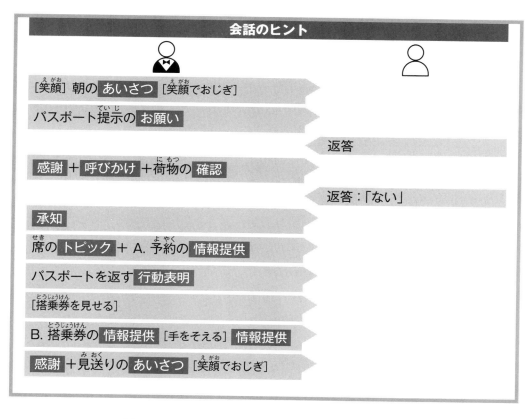

会話のヒント

[笑顔] 朝の あいさつ [笑顔でおじぎ]

パスポート提示の お願い

返答

感謝 ＋ 呼びかけ ＋荷物の 確認

返答：「ない」

承知

席の トピック ＋ A. 予約の 情報提供

パスポートを返す 行動表明

[搭乗券を見せる]

B. 搭乗券の 情報提供 [手をそえる] 情報提供

感謝 ＋見送りの あいさつ [笑顔でおじぎ]

6. 「考えましょう」に戻って、もう一度考えましょう。

Can-do チェック！

☐ 第一印象を良くする身だしなみを整えることができる。
☐ 良い人間関係を構築するためのあいさつができる。

身だしなみチェック

Personal Appearance Check / 整理仪容 / Kiểm tra diện mạo

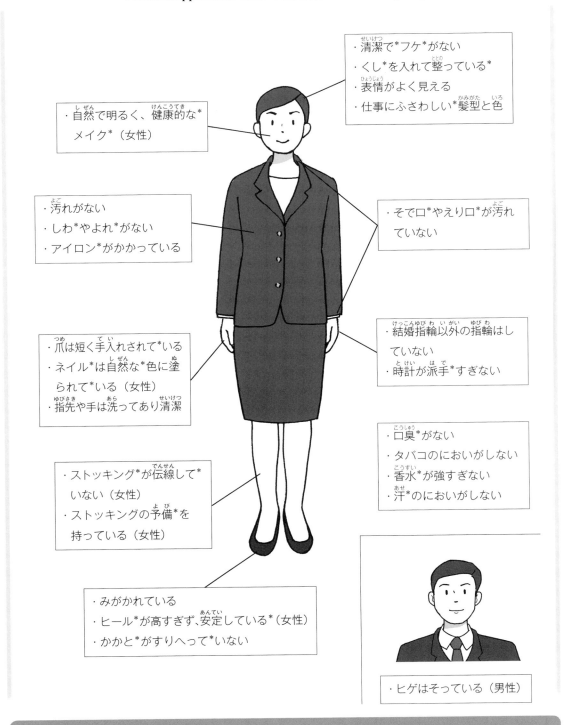

・清潔で*フケ*がない
・くし*を入れて整っている*
・表情がよく見える
・仕事にふさわしい*髪型と色

・自然で明るく、健康的な*メイク*（女性）

・汚れがない
・しわ*やよれ*がない
・アイロン*がかかっている

・そで口*やえり口*が汚れていない

・爪は短く手入れされて*いる
・ネイル*は自然な*色に塗られて*いる（女性）
・指先や手は洗ってあり清潔

・結婚指輪以外の指輪はしていない
・時計が派手*すぎない

・口臭*がない
・タバコのにおいがしない
・香水*が強すぎない
・汗*のにおいがしない

・ストッキング*が伝線して*いない（女性）
・ストッキングの予備*を持っている（女性）

・みがかれている
・ヒール*が高すぎず、安定している*（女性）
・かかと*がすりへって*いない

・ヒゲはそっている（男性）

こころくば
心配り

Thoughtfulness
体贴周到
Sự quan tâm chu đáo

Can-do

☐ 手で指し示しながら案内することができる。
☐ 方向を指し示しながら誘導することができる。

ご案内
「あちらでございます。」

Information "It's right that way."
指路 "在那边。"
Hướng dẫn "Ở đằng kia ạ."

　お客さまから場所を聞かれることはよくあります。間違った案内をしないために、わかりやすく、丁寧に、その場の状況に合った案内をすることが大切です。そのためには、自分が働く施設や設備をきちんと把握しておくことが基本です。そして、お客さまは、荷物をたくさん持っている方、子どもと一緒の方、長距離を歩くのが難しい方、車いすを利用している方など、さまざまなので、お客さまの立場に立った心配りのある案内をしましょう。このテキストでは、お客さまに場所を聞かれた時、その場で案内することを「ご案内」、目的地まで一緒に行って案内することを「誘導」と言います。

　　　Customers often ask for directions. It is important to provide polite and easy-to-understand guidance in accordance with the current situation in order to avoid giving incorrect directions. To do so, it is essential to understand the facilities and environment in which you work. There are many different kinds of customers—those with a lot of luggage, those with children, those who have trouble walking long distances, those who use wheelchairs, etc.—so, be sure to provide guidance while considering the point-of-view of the customer. In this book, giving directions after being asked for help by a customer is referred to as providing "*goannai*" (information), and guiding a customer by going with them to their destination is referred to as providing "*yuudou*" (guidance).

　　　时常会遇到顾客来问路的情况。做出简单易懂、详细、因地制宜的指引很重要。为了避免指错方向，需要事先掌握好自己工作地的各种设施及周围环境，这是最基本的。而且，每天需要接待的客人形形色色，有的随身物品较多、有的带着孩子、有的腿脚不便、还有的需要依靠轮椅出行，要设身处地的为客人着想，提供因人而异的指引服务。本书中，客人来问路时，在原地做出指引叫做"案内（指路）"，带着客人一起去目的地做"诱导（带路）"。

　　　Việc được khách hàng hỏi địa điểm, nơi chốn thường được xảy ra. Để không hướng dẫn sai, việc hướng dẫn dễ hiểu, tận tình và phù hợp với tình hình lúc đó là rất quan trọng. Để làm được điều đó, cơ bản là bản thân phải nắm rõ cơ sở và môi trường mà mình làm việc. Và vì khách hàng có nhiều dạng khác nhau như có người xách nhiều hành lý, có người dẫn theo trẻ em, có người gặp khó khăn trong việc đi quãng đường xa, có người dùng xe lăn v.v. nên hãy hướng dẫn khách hàng với sự quan tâm chu đáo đứng ở vị trí của khách hàng. Trong tài liệu học tập này, khi được khách hàng hỏi địa điểm, việc hướng dẫn ngay tại nơi đó gọi là " ご案内 (hướng dẫn)", việc cùng đi để hướng dẫn tận nơi gọi là " 誘導 (hướng dẫn đến tận nơi)".

 考えましょう

1. 空港のインフォメーションカウンターに外国人観光客*が来ました。空港近くのホテルに泊まるため、ホテル行きのバス停を探しています。どのような案内をしますか。

2. 言葉が通じない*お客さまや障害がある*お客さまもいらっしゃいます。そのようなお客さまに対して、どのように場所の案内をしますか。

①言葉が通じないお客さま
②視覚障害*のあるお客さま
③聴覚障害*のあるお客さま

文化ノート

ご案内：距離の示し方

　場所のご案内をする時、腕を伸ばした*り、縮めた*りすることで距離が伝わります。また、右側を示す時は右手、左側を示す時は左手を使うことで、丁寧で美しいご案内になります。示す時は、人差し指だけで指すのではなく、指をそろえましょう。

こちら

そちら

あちら

悪い例

💬 見てみましょう①

📹 6

【会話１：デパートでお客さまとスタッフが話しています】

スタッフ：いらっしゃいませ。

お客さま：すみません、お手洗い*はどこですか。

スタッフ：[方向*を指し示しながら](お手洗いは)

　　　　　(1) **あちらでございます。**

お客さま：わかりました。ありがとう。

【会話２：ホテルでお客さまとスタッフが話しています】

お客さま：あのー、このホテルにプール*はありますか。

スタッフ：はい、ございます。(2) <u>プールは本館*の地下*１階でございます。</u>

　　　　　(3) <u>こちらのエレベーターをご利用ください。</u>

　　　　　エレベーターを降りて、(4) **そのまま、まっすぐお進みください。**

　　　　　(5) <u>左側にプールの入り口がございます。</u>

お客さま：あ、わかりました。

💡 ここがポイント!

ポイント 1	**あちらでございます。**
	情報提供

「あそこです」、「向こうです」の謙譲語です。お客さまを案内する時に使う「おもてなしのフレーズ」です。このフレーズを使う時は、手で方向や場所を指し示すようにしましょう。「こちら」、「そちら」もよく使います。

ポイント 2	**プールは本館の地下１階でございます。**
	情報提供 （N は N でございます）

ホテルの施設などを案内する時は、「どこの何階か」をはっきり伝えましょう。本館の地下１階、１階、２階、３階、４階、５階、６階、７階、８階などです。

　例）ビジネスセンターは別館*の３階でございます。

ポイント 3	こちらのエレベーターをご利用ください。

お願い　（N を＋ご＋ V-する＋ください）

エレベーターなどを使うように案内する時に使います。「利用する」や「記入する」などの V-するの時は「ご」がつきますが、「待つ」、「かける」、「進む」などの V- ますの時は、V-ますに「お」をつけます。

　例）①お名前をご記入ください。
　　　②まっすぐお進みください。

ポイント 4	そのまま、まっすぐお進みください。

お願い

ホテルやデパートなどお客さまを案内する時によく使う表現です。ほかにも「右へお曲がりください。」などもあります。

ポイント 5-1	左側にプールの入り口がございます。

（場所＋側）

ホテルや空港で、予約や案内、チェックインをする時、どこに何があるかを説明する表現です。
　例）①飛行機の席：通路側、真ん中*、窓側
　　　②ホテル・旅館の部屋：山側、海側
　　　③その他：北側、南側、東側、西側、左側、右側など

ポイント 5-2	左側にプールの入り口がございます。

情報提供

お客さまを案内する時に言います。「N がございます」は「N があります」の謙譲語です。同じような表現として「N にございます」「N でございます」（ポイント 1）がありますが、それぞれ「N にあります」、「N です」の謙譲語として使います。「に」や「が」によって意味が変わるので注意しましょう。

基本練習

1. 【おもてなしのフレーズ】 次の時、何と言いますか。発音に気をつけて練習しましょう。
   ① お客さまを迎える時
   ② 遠くにあるものを案内する時
   ③ そのまま、まっすぐ進むように案内する時

2. 【ご案内】 「こちら」「そちら」「あちら」を使って案内する時の、手を使った示し方を p.55 の＜文化ノート＞を見て練習しましょう。

3. 【 情報提供 ：ＮはＮでございます】 お客さまを案内しましょう。

   例）エレベーター／あそこ

   →エレベーターはあちらでございます。

   ① お手洗い／あそこ　　② 階段*／そこ　　③ 喫煙所*／ここ
   ④ カウンター*／向こう　⑤ 売店*／6 階　　⑥ 自動販売機*／向こう

4. 【 情報提供 ：Ｎにございます】 お客さまを案内しましょう。

   例）ジム／地下 1 階

   →ジムは地下 1 階にございます。

   ① プール／3 階　　　　　　② 会議室／8 階
   ③ 売店／6 階　　　　　　　④ レストラン／12 階

5. 【 情報提供 ：Ｎがございます】 お客さまを案内しましょう。

   例）入り口

   →入り口がございます。

   ① 自動販売機　　　　　　　② 信号*
   ③ 売店　　　　　　　　　　④ カウンター

応用練習

会話のヒントを見ながら、案内しましょう。

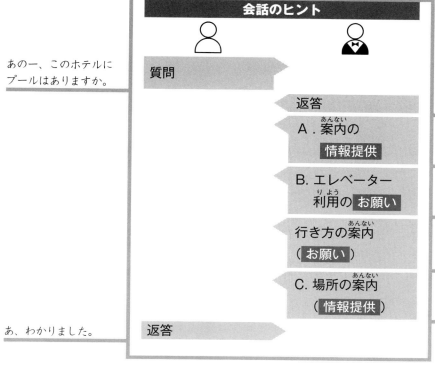

あのー、このホテルに
プールはありますか。

会話のヒント

質問

返答

はい、ございます。

A．案内の　情報提供

プールは本館の地下1
階でございます。

B．エレベーター
　利用の　お願い

こちらのエレベーター
をご利用ください。

行き方の案内
（ お願い ）

エレベーターを降りて、
そのまま、まっすぐお
進みください。

C．場所の案内
（ 情報提供 ）

左側にプールの入り口
がございます。

あ、わかりました。

返答

① 　A. 2階

　　B. あそこのエレベーター

　　C. 左側

② 　A. 3階

　　B. そこのエレベーター

　　C. 右側

③ 　A. 6階

　　B. ここのエレベーター

　　C. つきあたり*

④ 　自由に考えて、話しましょう。

誘導
「お部屋までご案内します。」

Guidance "I'll show you to your room."
带路 "我带您去您的房间。"
Hướng dẫn đến tận nơi "Tôi xin phép hướng dẫn quý khách đến phòng ạ."

　お客さまの目的地が遠い場合、説明だけでは伝わらないことがほとんどです。いくらその場で丁寧に説明しても、お客さまは向かっている途中でわからなくなってしまうこともあります。自分たちにとっては当たり前のことでも、お客さまにとっては初めての場所なのです。目的地が遠い場合は、その場所まで案内するか、確実に迷わないで行ける場所まで案内しましょう。また、エレベーターや階段なども上手に利用し、そのお客さまにとって最善の誘導を心がけましょう。

When a customer's destination is someplace far away, explanations are often not enough. No matter how carefully you explain things, the customer may become confused along their way. Things that may seem natural to you are likely new and unfamiliar to your customers. If their destination is far away, either guide the customer to that location or guide them to a point from which they will not get lost. Also, be sure to make use of any available elevators and stairs when giving directions to provide the best guidance for your customers.

客人想要去的地点距离较远的话，仅仅口头说明是不够的。说得再详细，也会出现客人在中途迷路的情况。因为，对于服务人员自己来说轻车熟路，对客人来说却是初次涉足。如目的地较远，可直接将客人带过去，或将客人带至确保之后不会迷路的地点。并且，要善于借助电梯或楼梯，给客人最适合的引导。

Trường hợp nơi khách muốn đi là xa thì nếu chỉ giải thích thôi hầu hết sẽ khó để cho khách hiểu trọn vẹn được. Có khi dù giải thích tại chỗ tỉ mỉ bao nhiêu đi nữa, khách hàng cũng mất phương hướng giữa chừng. Với bản thân, có thể chỗ đó rất thường tình nhưng với khách hàng, đó là nơi lần đầu tiên đặt chân đến. Trường hợp nơi khách muốn đi là xa thì hướng dẫn tại chỗ hoặc hướng dẫn khách đến nơi mà họ có thể đi không bị lạc. Ngoài ra, hãy để tâm sử dụng thang máy, cầu thang v.v. hiệu quả để hướng dẫn cho khách hàng một cách tốt nhất.

 考えましょう

1．次のようなお客さまが来ました。どのような誘導がいいと思いますか。

事例① 【あなたはホテルスタッフです】
80歳くらいのお客さま：とても元気です。ゆっくりですが、階段も問題なく＊上ることができます。
①歩く距離は長くなるが、階段ではなくエレベーターを使って誘導した。
②階段は5段くらいなので、お客さまに確認してから階段を使い、一番近い方法で誘導した。
③お客さまと同じ速さで歩くと時間がかかるので、車いす＊を用意し、それに乗ってもらい誘導した。

2．目的地＊まで誘導する時、お客さまとどのような会話をしたらいいと思いますか。

7～9

さまざまな誘導

　誘導方法は、その時の状況や環境*によっても異なります。スムーズ*に誘導できるように、臨機応変*に対応しましょう。誘導する前には「ご案内します。」と言って誘導しましょう。

通路*：お客さまの歩く速さに合わせます。お客さまは通路の中央*を歩き、スタッフはお客さまよりも2、3歩ななめ*前を歩きます。完全に*背中*を向けないで、お客さまの姿*が見えるようにします。

階段：どこまで上るのか、「～階でございます」と必ず伝えてから上ります。お客さまは階段の手すり*側を、スタッフは2、3段上のななめの位置にくるようにします。

エレベーター：お客さまの人数によってご案内が異なります。お客さまが1人の場合は、乗る時も降りる時もお客さまが先です。お客さまが多い時は、スタッフが先に乗り、すぐに操作盤*の前に立ち、ドアが閉まらないよう手で押さえます。降りる時はお客さまが先です。

10

💬 見てみましょう②

【ホテルのチェックインが終わって、ベルスタッフが部屋まで誘導しています】

スタッフ：では、(1) <u>お部屋までご案内します</u>。

お客さま：はい、お願いします。

スタッフ：(2) <u>こちらへどうぞ</u>。［誘導する］

　　　　　［エレベーターに乗る］お客さまのお部屋は 10 階でございます。

　　　　　［エレベーターを降りる］　(3)［方向を指し示しながら］<u>こちらでございます</u>。

　　　　　(4)［しばらく歩いて部屋の前に着く］<u>こちらがお部屋でございます</u>。

　　　　　(5) <u>どうぞ</u>。

お客さま：ありがとうございます。

スタッフ：(6) <u>ごゆっくりお過ごし*ください</u>。［おじぎ］

　　　　　では、(7) <u>失礼いたします</u>。［おじぎ］

💡 ここがポイント！

ポイント 1	お部屋まで<u>ご案内します</u>。 行動表明 （ご＋ V- する）	

これは、「誘導」する時の「こちらへどうぞ。」の前置き*のフレーズです。どこまでご案内するのかを伝えます。「こちらへどうぞ。」とだけ言って誘導するのではなく、これから何をするのかを伝えてから誘導することは、心配りのひとつです。

ポイント 2	<u>こちらへどうぞ</u>。［誘導する］ 誘導	

「こちらへどうぞ。」と言って誘導する時は、右側に行く時は右手で、左側に行く時は左手で方向を指し示します。このテキストでは、「こちらへどうぞ。」と言って方向を指し示したり、誘導したりすることを 誘導 と言います。

ポイント 3	［方向を指し示しながら］こちらでございます。	
	誘導 ＋ 方向の 情報提供	

エレベーターを降りたら、行くところがどちらの方向にあるのかを指し示しながら、「こちらでございます。」と言います。お客さまを目的の場所まで誘導する時に、どちらの方向なのかを示すことが心配りです。

ポイント 4	［しばらく歩いて部屋の前に着く］こちらがお部屋でございます。
	誘導 ＋ 案内の 情報提供

お客さまを（部屋まで）誘導する時は、お客さまの斜め前を歩きます。部屋に着いたら、ドアを開ける前に「こちらがお部屋でございます。」と言います。先にドアのかぎを開けるのではなく、まずは、部屋がここであると伝えることがお客さまへの心配りです。

ポイント 5	どうぞ。	
	誘導の 情報提供	

お客さまを誘導する時は、「どうぞ」と言って、手をそえながら誘導します。

ポイント 6	ごゆっくりお過ごしください。［おじぎ］	
	お願い （お＋ V-ます＋ください）	

お客さまを部屋に 誘導 したら、この お願い を言います。お客さまに向かって丁寧におじぎをしましょう。夜の場合は、「ごゆっくりお休みください。」と言うこともできます。

　例）ごゆっくりおくつろぎください。

ポイント 7	失礼いたします。［おじぎ］	
	あいさつ	

ここでは部屋を出る時に使っています。お客さまの部屋に入る時やお客さまの前を通る時、また話しかける時など、さまざまな場面で使います。

基本練習

1. 【おもてなしのフレーズ】 次の時、何と言いますか。発音に気をつけて練習しましょう。

① 部屋まで案内する時の行動表明

② こちらへ誘導する時

③ ゆっくり過ごしてもらう時のお願い

④ 部屋を出る時のあいさつ

2. 【 誘導 : 行動表明 ＋ 誘導 】 お客さまを誘導しましょう。

例）部屋

→お部屋までご案内します。こちらへどうぞ。

① エレベーター　　　　② 2 階の「華寿司」　　③ ビジネスセンター

3. 【 誘導 : エレベーターの乗り降り】

p.61 のエレベーターの乗り方をもう一度見てから、目的の場所に行く練習をしましょう。
実際にエレベーターを使って練習しましょう。

例）お客さまの部屋：1006

→ステップ1：[お客さまとエレベーターに乗る]

→ステップ2：お客さまのお部屋は 10 階でございます。

→ステップ3：[エレベーターを降りる]

① ビジネスセンター：8 階　　② ジム：6 階　　③ お客さまの部屋：1202

4. 【 誘導 : 部屋への案内】 p.61 の通路の歩き方をもう一度見て、エレベーターを降りて
から部屋まで、天気や観光などの話をしながら誘導しましょう。

5. 【 行動表明 : ご(お)＋漢語（V-する）】 丁寧に言いましょう。

例）案内する　→ご案内します。

① 連絡する　　　　② 紹介する　　　　③ 確認する　　　　④ 電話する

6. 【 お願い : お＋ V-ます＋ください】 丁寧に言いましょう。

例）過ごす　→ごゆっくりお過ごしください。

① くつろぐ　　　　② 休む　　　　③ 楽しむ*　　　　④ 召し上がる

応用練習

会話のヒントを見ながら、お客さまを目的地まで誘導しましょう。

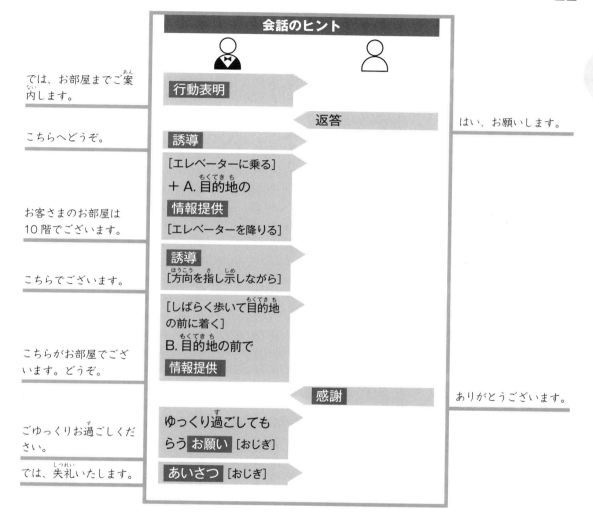

会話のヒント

では、お部屋までご案内します。　　　行動表明

　　　　　　　　　　　　　　　　返答　　　はい、お願いします。

こちらへどうぞ。　　　誘導

　　　[エレベーターに乗る]
　　　＋A. 目的地の
　　　情報提供

お客さまのお部屋は10階でございます。　　　[エレベーターを降りる]

　　　誘導
　　　[方向を指し示しながら]

こちらでございます。　　　[しばらく歩いて目的地の前に着く]
　　　B. 目的地の前で
　　　情報提供

こちらがお部屋でございます。どうぞ。

　　　　　　　　　　　　　　　　感謝　　　ありがとうございます。

ごゆっくりお過ごしください。　　　ゆっくり過ごしてもらう　お願い　[おじぎ]

では、失礼いたします。　　　あいさつ　[おじぎ]

① A. スパ* ／ 5 階

　 B. スパ

② A. バー／ 38 階

　 B. バー

③ 自由に考えて、話しましょう。

まとめ問題

1. 正しいペアを線で結び、「おもてなしのフレーズチェックリスト」（→ pp.168 ～ 169）
   で確認しましょう。

   ① 部屋を出る時のあいさつ　　　　　・　　　　　・失礼いたします

   ② 遠くにあるものを案内する時　　　・　　　　　・こちらへどうぞ

   ③ 誘導する前の案内　　　　　　　　・　　　　　・あちらでございます

   ④ こちらへ誘導する時　　　　　　　・　　　　　・ごゆっくりお過ごしください

   ⑤ ゆっくり過ごしてもらうあいさつ・　　　　　・ご案内します

2. その場に立って、お客さまの行きたいところを手で指し示しながら、案内しましょう。

   例）お手洗い

   →スタッフ：いらっしゃいませ。

   　お客さま：すみません、お手洗いはどこですか。

   　スタッフ：［方向を指し示しながら］あちらでございます。

   ① 自動販売機　　　　② 喫煙所　　　　③ 売店　　　　④ 会議室

3. p.68 のデパートのイラストや、p.84 のホテルのイラストを見ながら、お客さまとスタッ
   フになって練習しましょう。お客さまは自分の行きたいところをスタッフに聞きましょう。
   スタッフは丁寧に案内しましょう。

4. 実際にエレベーターを使って、目的地まで誘導しましょう。

   ① お客さまのななめ前を歩いて、フロントからエレベーターまで誘導しましょう。

   ② お客さまと一緒にエレベーターに乗って8階に行き、お客さまの部屋（802号室）まで
   　誘導しましょう。（エレベーターの乗り方は、p.61 の＜文化ノート＞を見ましょう。）

5. 会話のヒントを見ながら、目的地まで誘導しましょう。ペアワークの様子を録画してポートフォリオも作りましょう。

👤：あなたはデパートに買い物に来ました。行きたいところを考え、スタッフに聞きましょう。

👤：あなたはデパートのスタッフです。お客さまが行きたい場所を聞いてきました。お客さまが行きたいところを案内しましょう。

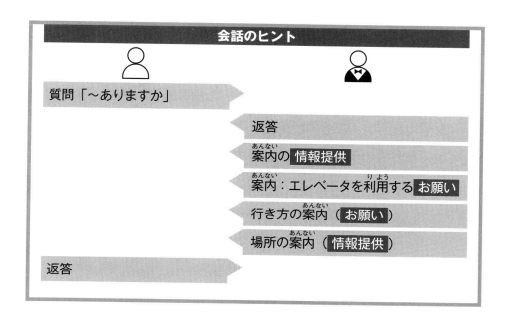

6. 「考えましょう」に戻って、もう一度考えましょう。

Can-do チェック！

☐ 手で指し示しながら案内することができる。
☐ 方向を指し示しながら誘導することができる。

デパートのことば

Department Vocabulary / 商场用语 / Từ ngữ sử dụng trong cửa hàng bách hóa

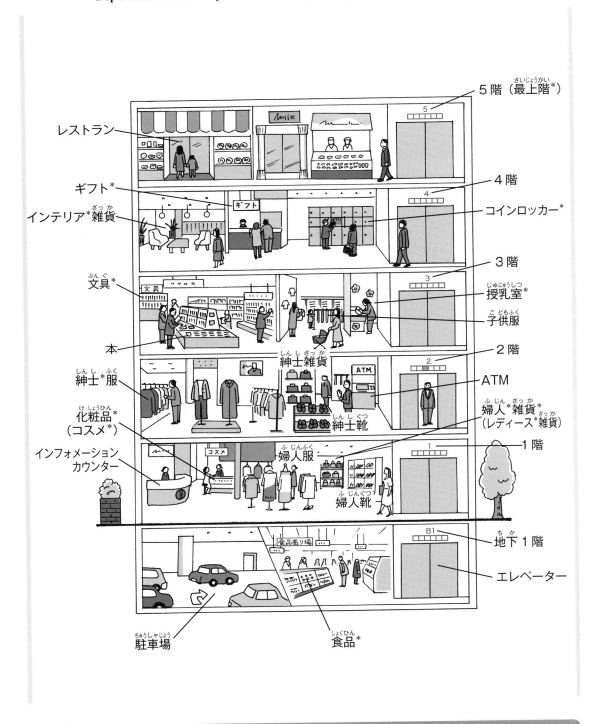

レストラン

ギフト*

インテリア*雑貨（ざっか）

文具*（ぶんぐ）

本

紳士*服（しんし ふく）

化粧品*（けしょうひん）（コスメ*）

インフォメーションカウンター

紳士雑貨（しんし ざっか）

紳士靴（しんし ぐつ）

婦人服（ふじんふく）

婦人靴（ふじんぐつ）

駐車場（ちゅうしゃじょう）

食品*（しょくひん）

5階（最上階*）（さいじょうかい）

4階

コインロッカー*

3階

授乳室*（じゅにゅうしつ）

子供服（こどもふく）

2階

ATM

婦人*雑貨*（ふじん ざっか）（レディース*雑貨）（ざっか）

1階

地下1階（ちか）

エレベーター

相手を思う心
あいて　こころ

Being Mindful of Others

为对方着想

Tấm lòng biết nghĩ về người khác

セクション1 確認：「どのようなお食事がよろしいでしょうか。」
かくにん

セクション2 一歩進んだ応対：「もしよろしければ、確認いたしましょうか。」
いっ ぽ すす　おうたい　かくにん

Can-do

☐ お客さまの要望に対して、確認してから提案ができるようになる。
ようぼう たい　かくにん　ていあん

☐ お客さまの気持ちを察し、一歩進んだ応対ができるようになる。
さっ　いっ ぽ すす　おうたい

セクション1 　<ruby>確認<rt>かくにん</rt></ruby>
「どのようなお食事がよろしいでしょうか。」

Confirmation "What kind of food would you like?"
确认 " 您想吃什么? "
Xác nhận "Quý khách muốn dùng bữa như thế nào ạ?"

　お客さまへの<ruby>応対<rt>おうたい</rt></ruby>で、「<ruby>確認<rt>かくにん</rt></ruby>」は<ruby>欠<rt>か</rt></ruby>かせません。<ruby>自分<rt>じぶん</rt></ruby>の<ruby>思<rt>おも</rt></ruby>い<ruby>込<rt>こ</rt></ruby>みや<ruby>考<rt>かんが</rt></ruby>えだけで<ruby>勝手<rt>かって</rt></ruby>に<ruby>判断<rt>はんだん</rt></ruby>して、お客さまにご<ruby>案内<rt>あんない</rt></ruby>すると、<ruby>誤解<rt>ごかい</rt></ruby>が<ruby>生<rt>しょう</rt></ruby>じやすくなります。また、クレームの<ruby>原因<rt>げんいん</rt></ruby>になることもあります。そのため、お客さまが<ruby>何<rt>なに</rt></ruby>を<ruby>求<rt>もと</rt></ruby>めているのか、何をしてほしいのか、どのような<ruby>答<rt>こた</rt></ruby>えを<ruby>期待<rt>きたい</rt></ruby>しているのかを<ruby>知<rt>し</rt></ruby>るために<ruby>確認<rt>かくにん</rt></ruby>しましょう。<ruby>相手<rt>あいて</rt></ruby>を<ruby>思<rt>おも</rt></ruby>うからこそ<ruby>確認<rt>かくにん</rt></ruby>を<ruby>重<rt>かさ</rt></ruby>ねることが<ruby>大切<rt>たいせつ</rt></ruby>です。お客さまの<ruby>要望<rt>ようぼう</rt></ruby>がより<ruby>具体的<rt>ぐたいてき</rt></ruby>になるまで確認しましょう。確認をすることで、よりお客さまの<ruby>心<rt>こころ</rt></ruby>に<ruby>近<rt>ちか</rt></ruby>づくことができます。

　Confirmation is imperative when dealing with customers. It is easy to cause misunderstandings by trying to assist customers by making decisions on your own based on your assumptions and ideas. This can also lead to complaints. Therefore, always check and confirm what your customers are looking for, what they want you to do for them and what answers they expect. Part of being mindful of others is repeatedly checking and confirming things. Continue to check and confirm things until the customer's request becomes more specific. Through such confirmation, you will be able to get closer to your customers.

　招待客人的时候，"确认"是必不可少的一环。只根据主观臆测去判断，接待客人时容易发生误会，有时也会成为被投诉的原因。因此，为了弄清客人的需求以及期待得到怎样的服务和答复，确认很有必要。正因为为客人着想，反复确认直到清楚把握客人的需求，才显得尤为重要。通过反复的确认，我们可以更进一步地贴近客人的心。

　Trong đối ứng với khách hàng, không thể thiếu việc " 確認 (Xác nhận)". Nếu phán đoán tùy tiện chỉ bằng định kiến, suy nghĩ của bản thân thì dễ phát sinh hiểu nhầm khi hướng dẫn khách hàng. Hơn nữa, có khi còn trở thành nguyên nhân của sự phàn nàn. Do đó, hãy xác nhận để biết khách hàng đang yêu cầu điều gì, đang muốn gì, và kỳ vọng câu trả lời như thế nào ở chúng ta. Chính vì nghĩ đến người khác nên việc xác nhận nhiều lần là quan trọng. Hãy xác nhận cho đến khi nguyện vọng của khách hàng trở nên cụ thể hơn. Bằng cách xác nhận, chúng ta có thể đến gần hơn với trái tim của khách hàng.

 　考えましょう

　<ruby>事例<rt>じれい</rt></ruby>を<ruby>読<rt>よ</rt></ruby>んで考えましょう。

①<ruby>事例<rt>じれい</rt></ruby>【あなたは日本料理店のスタッフです】
日本料理店に外国人<ruby>観光客<rt>かんこうきゃく</rt></ruby>が来ました。メニューには写真がありません。お客さまは何を<ruby>注文<rt>ちゅうもん</rt></ruby>したらいいのかわからないようで、「すべておまかせします*」と言われました。何を<ruby>確認<rt>かくにん</rt></ruby>しますか。

②事例【あなたはホテルのコンシェルジュ*です】

お客さまに「日本のおみやげを買いたいんだけど」と言われました。どのように案内しますか。

文化ノート

察しの文化

　お客さまからの問い合わせ*にはいろいろなものがあります。場所を聞かれることもたくさんあります。その時、お客さまの様子を見て*応対することがとても大切です。「察する*」、「空気を読む*」とはこのことです。お客さまによって、はっきりと言葉でお願いを言う人と、言わない人がいます。だからこそ、いつもお客さまが何をしてほしいと思っているのか、気を配ら*なければなりません。高コンテキスト文化は、文脈*に頼ります*が、低コンテキスト文化は、言葉に頼ります。日本語は高コンテキスト文化のコミュニケーションスタイルと言われていますので、要望をはっきり言わないこともあります。一方*、低コンテキスト文化のコミュニケーションスタイルは、要望をはっきり言うことが多いです。

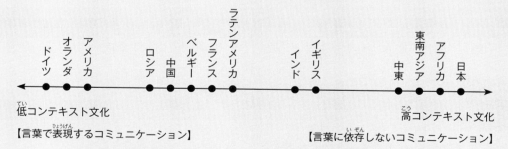

ドイツ　オランダ　アメリカ　ロシア　中国　ベルギー　フランス　ラテンアメリカ　インド　イギリス　中東　東南アジア　アフリカ　日本

低コンテキスト文化　　　　　　　　　　　　　　　高コンテキスト文化
【言葉で表現するコミュニケーション】　　　　【言葉に依存しないコミュニケーション】

※『G検 グローバル人材ビジネス実務検定［接遇編‐日本の企業で働くために］公式テキスト』（株式会社ナイスク）を参考に作成

高コンテキスト文化と低コンテキスト文化

11

💬 見てみましょう①

【お客さまがホテルのコンシェルジュと話してい
　ます】

お客さま：すみません。

スタッフ：はい。

お客さま：散歩をしながら、ついでに*お昼ご飯
　　　　　を食べたいんだけど、どっかある？

スタッフ：(1)どちらのほうに**行かれます**か。公園のほうですか。

お客さま：はい。あそこのさくら公園。

スタッフ：(2)**かしこまりました。**どのようなお食事がよろしいでしょうか。

お客さま：和食*がいいかな。

スタッフ：(3)公園のほうですと、定食屋さんとおそば屋さん**がございます。**

お客さま：そっか。カード（は）使える？

スタッフ：(4)定食屋さん**でしたら、**カードでも**お支払い*いただけます。**

お客さま：じゃあ、そこに行ってみる。ありがとう。

スタッフ：(5)**いってらっしゃいませ。**［おじぎ］

💡 ここがポイント！

ポイント 1-1	どちらのほうに行かれますか。公園のほうですか。 確認

お客さまに何か聞かれた時にする大切なことが 確認 です。お客さまが何を知りたいかを確認
し、何が一番いい案内になるかを考えることが、相手を思う心です。

ポイント 1-2	どちらのほうに**行かれます**か。公園のほうですか。 尊敬語

「行かれます」は「行きます」の尊敬の形です。「行きます」の尊敬語として「いらっしゃいます」
もあります。

ポイント 2	かしこまりました。どのようなお食事がよろしいでしょうか。

承知　　　　確認（どのような＋ N ＋がよろしいでしょうか）

お客さまの質問について確認する時の「おもてなしのフレーズ」です。ポイント 1-1 にあるように、お客さまの要望に応えるためには確認することが大切です。例えば、子どもや高齢者＊が一緒かどうか、アレルギーや宗教＊が理由で食べられないものがあるかなども確認する必要があります。このように、相手のことを考え確認していくことが大切です。

ポイント 3-1	公園のほうですと、　定食屋さんとおそば屋さんがございます。

条件提示　＋　　　　　　提案

「定食屋さんとおそば屋さんがございます。」のような表現は、このテキストでは 提案 と呼びます。お客さまの要望を確認した後、提案 を少なくとも＊2つは出しましょう。お客さまに選んでもらうことが大切です。

ポイント 3-2	定食屋さんとおそば屋さんがございます。

N　　　　　　＋がございます

「N がございます」は、「N があります」の謙譲語です。同じような表現に、「N にございます」、「N でございます」があり、それぞれ「N にあります」、「N です」の謙譲語として使います。

　例）駅のほうですと、いろいろな和食屋さんがございます。

ポイント 4	定食屋さんでしたら、カードでもお支払いいただけます。

条件提示（N でしたら）　　　情報提供

「N でしたら」は「N なら（あります／できます）」の丁寧体です。これは質問について説明をする時の表現です。また、お客さまができることを説明する時は「お＋和語＋いただけます」をよく使います。漢語の場合は「ご＋漢語＋いただけます」を使います。

ポイント 5	いってらっしゃいませ。［おじぎ］

あいさつ

お客さまを見送る時は、「いってらしゃいませ。」と あいさつ を述べた後、笑顔でおじぎします。お客さまがホテルに戻ったら、「お帰りなさいませ。」と笑顔で出迎えます。

基本練習

1. 【おもてなしのフレーズ】 次の時、何と言いますか。発音に気をつけて練習しましょう。

① お客さまに承知したことを伝える時

② お客さまにどんな食事がいいか確認する時

③ お客さまを見送る時

2. 【 確認 】 お客さまの要望に一番近い提案をするためには、どのように確認をしますか。

① 「おすすめ*の観光スポット*はありませんか。」と聞かれた場合

② 「小さい子どもと一緒なんですけど、いいレストランありませんか。」と聞かれた場合

③ 「いいレストランがありませんか。」と聞かれた場合

3. 【尊敬形】 お客さまに丁寧に聞きましょう。

例） どこに行きますか

→ どちらのほうに行かれますか。

① よくコーヒーを飲みますか ② もう使いましたか

③ あまり新聞は読みませんか ④ 昨日、ここに来ましたか

4. 【 情報提供 ：お＋和語＋いただけます／ご＋漢語＋いただけます】
お客さまに丁寧に伝えましょう。

例） 支払う 利用する

→ お支払いいただけます → ご利用いただけます

① 楽しむ ② 使う ③ 試す*

④ 休む ⑤ 乗車する* ⑥ 確認する

応用練習

会話のヒントを見ながら、お客さまの要望を確認してから提案しましょう。

	会話のヒント	
すみません。	呼びかけ	
お昼ご飯を食べたいんだけど、どっかある?	A. 要望「〜したいんだけど、どっかある?」	
		B. 確認
		どちらのほうに行かれますか。
あそこのさくら公園。	C. 返答	
		D. 承知 ＋ 確認
		かしこまりました。どのようなお食事がよろしいですか。
和食がいいかな。	E. 返答「〜がいいな」	
		F. 提案
		公園のほうですと、定食屋さんとおそば屋さんがございます。
そっか。カード(は)使える?	そっか、G.〜できる?	
		H. 条件提示 ＋ 情報提供
		定食屋さんでしたら、カードでもお支払いいただけます。
じゃあ、そこに行ってみる。ありがとう。	了解＋感謝	
		見送りの あいさつ [おじぎ]
		いってらっしゃいませ。

① A. 家族で食事したい
B. 車で行く
C. 歩いて行く
D. どんな食事
E. 魚料理
F. 海の見えるイタリアンレストラン／
　お寿司屋さん
G. 持ち帰り*
H. お寿司屋さん／持ち帰り

② A. おみやげを買いたい
B. だれに買う
C. 会社に買う
D. どんなおみやげ
E. お菓子
F. ここの名物*のお菓子屋さん／
　最近できたお菓子屋さん
G. そこから送る
H. 名物のお菓子屋さん／送る

一歩進んだ応対
「もしよろしければ、確認いたしましょうか。」

Going One Step Further "I can confirm it, if you would like."
超前一步 "如果您需要的话，我帮您确认一下吧。"
Đối ứng trước một bước "Nếu được, tôi xin phép xác nhận ạ."

「セクション1」では、お客さまの要望に対して的確な案内をするために行う確認を学びました。「セクション2」では、お客さまがはっきりと要望を言わなくても、お客さまの気持ちを察し、お客さまに喜んでもらえるように、一歩進んだ応対を学びます。例えば、ただレストランを案内するだけでなく、お客さまの要望がなくても、混んでいるかもしれないので電話で確認したり、時間が決まっていたら予約することもできます。そのような行動が「一歩進んだ応対」です。

In Section 1, we learned what to do to provide accurate guidance in accordance with customers' requests. In Section 2, we will learn how to progress to the point where you will be able to sense how the customer feels and respond in a way that pleases them without them having to ever explicitly state their requests. This includes, for example, going beyond simply doing things like recomending a restaurant to the customer, and instead taking things one step further by calling a restaurant for a customer to see if it is crowded or making reservations for them, even if unprompted by the customer. It is this degree of action that is known as *Ippo Susunda Taiou* (going one step further).

第1章节，我们学习了如何通过确认客人的需求来提供合适的引导。在第2章节，我们来学习通过超前一步的服务来提升顾客满意度。即使客人没有提出明确要求，我们也应设身处地为客人着想，提供超前一步的服务。例如：不仅仅是推荐餐厅给客人，即使客人没有提出，也可以询问客人是否需要打电话确认座位或帮客人进行预约。这样的服务就是"超前一步"的服务。

Ở "phần 1", chúng ta đã học việc xác nhận tiến hành để hướng dẫn đích xác đáp ứng nguyện vọng của khách hàng. Ở "phần 2", chúng ta học cách quan sát tâm trạng của khách hàng dù khách hàng không nói rõ nguyện vọng để đối ứng trước một bước, làm khách hàng hài lòng. Ví dụ, không chỉ hướng dẫn nhà hàng mà dù khách hàng không yêu cầu, chúng ta có thể gọi điện thoại kiểm tra vì có thể nhà hàng đang đông khách, hoặc đặt trước nếu đã định trước thời gian v.v. Những hành động như thế là đối ứng trước một bước.

📋 考えましょう

次の事例を読んで、どのような応対をするか考えましょう。

事例① 【あなたはホテルスタッフです】

ホテルの10階のろうか*で、お客さまに「ビジネスコーナーはどこですか。」と聞かれました。ビジネスコーナーは2階ですが、奥*にあるので場所がわかりにくいかもしれません。どのように一歩進んだ応対をしますか。

事例②【あなたは空港スタッフです】

出発の搭乗手続き*をしている時、お客さまが「今日、満席*?」と聞いてきました。お客さまは何を期待している*と思いますか。どうしてこのような質問をしたと思いますか。

文化ノート

メモと情報共有*

　確認をする時は、何度も同じことを聞いてお客さまの迷惑に*ならないように、メモをとることが大切です。お客さまに、最高の「おもてなし」だったと感じてもらうためには、スタッフ1人だけの対応だけでは十分とは言えません。お客さまから得た*情報をスタッフ全員で共有し*、「おもてなし」をしていくことが必要です。例えば、空港の搭乗手続きカウンターでお客さまの誕生日が今日だとわかったら、ラウンジ*や機内*のスタッフに情報共有することで、ほかのスタッフもお客さまに「おめでとうございます。」と声をかけることができます。そうすると、お客さまは「みんなが自分のことを見てくれている」と思い、感動につながる*のです。お客さまの行動に合わせ、スタッフ間でおもてなしのリレーができるよう、情報共有を忘れないようにしましょう。

　ただし、個人情報*の取り扱い*には気をつけなければなりません。お客さまから得た情報はスタッフ間や社内だけで共有しなければいけません。

見てみましょう②

【ホテルでお客さまとスタッフが話しています】

お客さま：すみません。インド料理が食べられる
　　　　　ところってありますか。

スタッフ：歩いて行かれますか。

お客さま：はい。

スタッフ：ここから歩いて(1) <u>10分くらいのところ**にございますが**</u>…。

お客さま：じゃあ、そこに行ってみようかな。

スタッフ：(2)**もしよろしければ**、<u>お席が空いている</u>*か確認いたしましょうか。

お客さま：じゃあ、お願いします。

スタッフ：かしこまりました。(3)<u>**少々お待ちください**</u>。[電話をかける]
　　　　　(4)今でしたら、お席は十分に*<u>空いている**ようです**</u>。

お客さま：わかった、ありがとう。

💡 ここがポイント！

ポイント 1	<u>10分くらいのところ**にございますが**</u>…。　提案（N＋にございますが…）

お客さまの要望に提案します。お客さまの返答によっては、ほかの提案をしましょう。「…」には「いかがでしょうか」という意味があります。お客さまへの提案は2つ以上は出したほうがより丁寧です。いくつかの提案の中からお客さまに選んでもらうようにします。

　例）タクシーで5分ぐらいのところにございますが…。

ポイント 2-1	**もしよろしければ**、提案の 前置き

お客さまの要望がなくても、お客さまの気持ちになって、一歩進んだ提案をします。その場合に、「よろしければ」や「よろしかったら」などのクッション言葉*と一緒に使うといいでしょう。スタッフが何か提案する時の前置き表現です。このテキストでは、このようなクッション言葉を 前置き と呼びます。この 前置き を使うと、お客さまがどうするか選ぶことができます。お客さまが提案を希望し*ない場合に、断り*やすくなるので丁寧度が上がります。

ポイント 2-2	お席が空いているか確認いたしましょうか。
	提案 （V–ます＋いたしましょうか）

提案する時は、「〜ましょうか」の形にして提案します。「いたします」は「します」の謙譲語です。丁寧に提案する時は、「ご＋ V–する＋いたしましょうか」、または「お＋ V–ます＋いたしましょうか」の形にして提案します。この「確認いたしましょうか」には「ご」はつきません。「ご」はスタッフのすることにではなく、お客さまのすることに使うことができます。

例）① ご確認いただけますか。

　　② もしよろしければ、確認いたしましょうか。

ポイント 2-3	もしよろしければ、お席が空いているか確認いたしましょうか。
	提案の 前置き ＋ 提案 ＝ 一歩進んだ応対

お客さまの要望が特にない場合でも、状況を考え、お客さまの気持ちを察して提案します。「もしよろしければ」とクッション言葉（前置き）を入れて提案することが、「一歩進んだ応対」になります。

ポイント 3-1	少々お待ちください。
	待ってもらう お願い

お客さまに待ってもらう時には、このフレーズを使います。また、「お調べしますので」のような待たせる理由を先に言うと丁寧になります。長い時間待ってもらった後には、「大変お待たせいたしました。」と言うといいでしょう。

ポイント 3-2	お待ちください。
	お＋ V–ます＋ください

お客さまにお願いをする時に使います。このほかに「ご＋ V–する＋ください」と言うこともできます。

例）① こちらにご記入ください。

　　② 左にお曲がりください。

ポイント 4	今でしたら、お席は十分に空いているようです。
	情報提供 （V ＋ようです）

提案した後、提案したことについて詳しく説明することが 情報提供 です。 行動表明 と同じように、「おもてなし」をする上で大切です。情報提供する時、「V ＋ようです」を使うこともできます。

基本練習

1. 【おもてなしのフレーズ】 次の時、何と言いますか。発音に気をつけて練習しましょう。

   ① お客さまに提案する前のクッション言葉（前置き）

   ② お客さまに待ってもらうお願いをする時

2. 【一歩進んだ応対：ご＋V-する／お＋V-ます＋いたしましょうか】
   お客さまに提案しましょう。

   例）案内する→　スタッフ：もしよろしければ、ご案内いたしましょうか。

   　　　　　　　　お客さま　：いいんですか？　じゃ、お願いします。

   ① タクシーを呼ぶ　　　② 地図を書く　　　　　③ 調べる
   ④ 地図を持ってくる　　⑤ 席が空いているか確認する

3. 【一歩進んだ応対：提案の 前置き ＋ 提案 】
   p.78の「見てみましょう②」の場面で、お客さまに対し、「もしよろしければ、お席が空
   いているか確認いたしましょうか。」のほかに、どんな「一歩進んだ応対」ができますか。
   考えましょう。

4. 【 提案 ：N＋にございますが…】　どこにあるか、丁寧に答えましょう。

   例）10分くらいのところ

   　　→お客さま：すみません、おそばが食べられるところってありますか。

   　　スタッフ：10分くらいのところにございますが…。

   ① 駅の近く　　　　　　② 歩いてすぐのところ　③ 8階
   ④ 地下1階　　　　　　⑤ コンビニの右側　　　⑥ 郵便局の左側

5. 【 情報提供 ＋ようです】　お客さまに情報を伝えましょう。

   例）今だったら、席は十分に空いている

   　　→今でしたら、お席は十分に空いているようです。

   ① タクシーはあと5分ほどで来る　　② 今だったら、部屋は十分に空いている
   ③ 今だったら、利用可能　　　　　　④ 予約がいっぱい＋謝罪
   ※④はお客さまの要望に応えられないので、謝りましょう。

応用練習

会話のヒントを見ながら、お客さまの要望にこたえましょう。

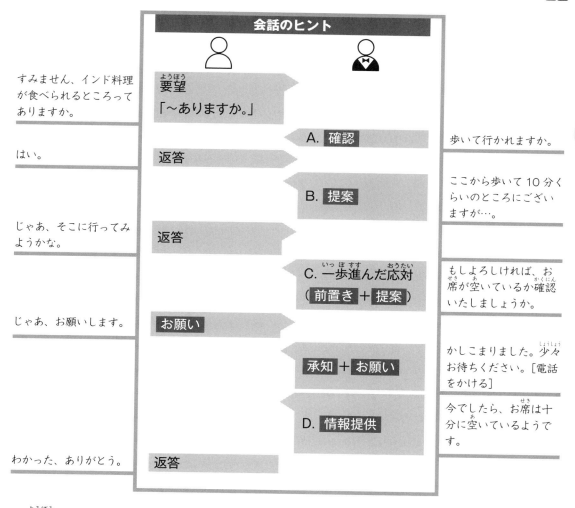

会話のヒント

すみません、インド料理が食べられるところってありますか。

要望
「～ありますか。」

A. 確認

歩いて行かれますか。

はい。

返答

B. 提案

ここから歩いて10分くらいのところにございますが…。

じゃあ、そこに行ってみようかな。

返答

C. 一歩進んだ応対
（前置き＋提案）

もしよろしければ、お席が空いているか確認いたしましょうか。

じゃあ、お願いします。

お願い

承知＋お願い

かしこまりました。少々お待ちください。［電話をかける］

D. 情報提供

今でしたら、お席は十分に空いているようです。

わかった、ありがとう。

返答

① 要望：ジムに行きたい
　A. 今から利用するか
　B. この建物*の9階にある
　C. 予約をする
　D. 今だったら、利用可能

② 要望：安い店で食べたい
　A. 何名で行くか
　B. 歩いて20分ぐらいのところにラーメン屋がある。コンビニもある
　C. タクシーを呼ぶ
　D. タクシーはあと5分ほどで来る

③ 自由に考えて、話しましょう。

まとめ問題

1. 正しいペアを線で結び、「おもてなしのフレーズチェックリスト」（→ pp.168 ～ 169）
   で確認しましょう。

   ① 提案する前の前置き ・ ・少々お待ちください

   ② 承知した時 ・ ・いってらっしゃいませ

   ③ 待ってもらう前のお願い ・ ・どのようなお食事がよろしいでしょうか

   ④ どんな食事がいいかの確認 ・ ・かしこまりました

   ⑤ 見送る時のあいさつ ・ ・もしよろしければ

2. スタッフとして、インフォメーションカウンターでどんな応対ができますか。

   ① まずお客さまの要望に対して、いくつか確認しましょう。

   　要望：この辺*のおいしいレストランに行きたい

   ② お客さまが食べたいものがわかりました。いくつか店を提案しましょう。

3. 次の時、スタッフとして、どんな一歩進んだ応対ができますか。

   ① 要望：ホテルのジムに行きたい

   ② ホテルからお客さまの行きたいところまで歩くと時間がかかる時

   ③お客さまがこれから（21 時）近くにあるタイ料理の店に行くことになった

4．次の時、インフォメーションカウンターでどのように情報提供と一歩進んだ応対ができ
   ますか。

   　状況：お客さまの要望に応えるためにタイ料理のレストランが何時まで開いているか電話
   　　　　をかけたところ、22 時まで開いていることがわかった。

5. 会話のヒントを見ながら、一歩進んだ応対をしましょう。ペアワークの様子を録画してポートフォリオも作りましょう。

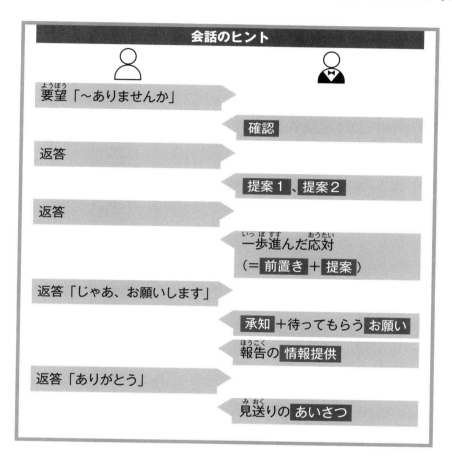

👤：あなたはおもてなしホテルに泊まっています。要望を考えてスタッフに聞きましょう。

🤵：あなたはおもてなしホテルのスタッフです。お客さまの要望に応えましょう。

会話のヒント

要望「〜ありませんか」

確認

返答

提案1、提案2

返答

一歩進んだ応対
（＝ 前置き ＋ 提案 ）

返答「じゃあ、お願いします」

承知 ＋待ってもらう お願い

報告の 情報提供

返答「ありがとう」

見送りの あいさつ

6.「考えましょう」に戻って、もう一度考えましょう。

Can-do チェック！

□ お客さまの要望に対して、確認してから提案ができるようになる。
□ お客さまの気持ちを察し、一歩進んだ応対ができるようになる。

ホテルのことば

Hotel Vocabulary / 酒店用语 / Từ ngữ sử dụng trong khách sạn

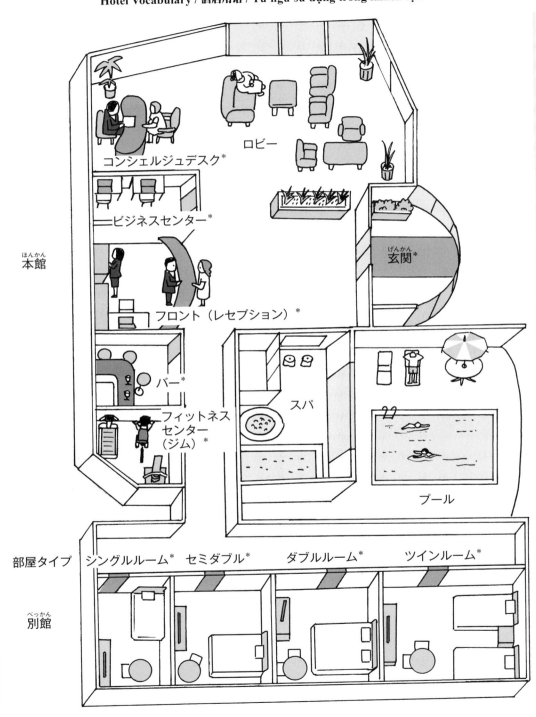

コンシェルジュデスク*

ロビー

ビジネスセンター*

玄関（げんかん）*

本館（ほんかん）

フロント（レセプション）*

バー*

フィットネス
センター
（ジム）*

スパ

プール

部屋タイプ　シングルルーム*　セミダブル*　ダブルルーム*　ツインルーム*

別館（べっかん）

迅速な応対
じんそく　　　　おうたい

Quick Response
迅速反应
Đối ứng nhanh chóng

セクション1 ▶ 要望に応える：「ただいまご用意いたしますので、少々お待ちくださいませ。」
ようぼう　こた　　　　　　　　　　　　よう い　　　　　　　　　しょうしょう

セクション2 ▶ 迅速に応える：「すぐに確認いたします。」
じんそく　こた　　　　　　　　　　かくにん

Can-do

☐ お客さまが安心できる応対をすることができる。
あんしん　　　　おうたい

☐ さまざまな状況に合わせて、一番良い方法で迅速に応対できる。
じょうきょう　　　　　　　　　　　ほうほう　じんそく　おうたい

要望に応える
「ただいまご用意いたしますので、少々お待ちくださいませ。」

Meeting Requests "I'll get everything ready now, so please wait one moment."
满足客人的需求 " 马上为您准备，请稍等。"
Đáp ứng nguyện vọng "Chúng tôi sẽ chuẩn bị ngay, quý khách vui lòng chờ trong giây lát."

　お客さまからの「要望に応える」ことは、お客さまの満足度向上につながります。職種によって、ある程度お客さまからの要望は想定できます。迅速に応えるためには、想定される要望に対してどのように対応するのかということをあらかじめ考えておくといいでしょう。また、日頃から、観光スポットやレストランなどを案内できるように、場所を確認したり、調べたりして、自分自身の見聞を広めておくと、いざという時に役立ちます。

　Youbou ni kotaeru (responding to requests) will increase customer satisfaction. Depending on the type of industry, customer requests are to some extent to be expected. In order to respond quickly, it may be useful to expand your own pool of knowledge by regularly looking up and checking out local restaurants and sightseeing sites so that you can better guide your customers to them.

　满足客人的需求，顾客满意度就会随之提升。根据行业的内容，一定程度上可以设想出客人的需求。为了能迅速做出反应，最好提前考虑好如何应对这些情况。另外，为了能向客人介绍观光地和餐厅等，平时需要通过事先确认地点、查资料等来拓展自己的见闻。有需要时，就能派上用场。

　Việc "đáp ứng nguyện vọng của khách hàng" dẫn đến việc nâng cao mức độ hài lòng của khách. Tùy theo loại hình nghề nghiệp mà ở mức độ nào đó, chúng ta có thể đoán trước nguyện vọng của khách hàng. Để đáp ứng nhanh chóng, các bạn có thể nghĩ trước mình sẽ đối ứng như thế nào với những nguyện vọng được giả định. Ngoài ra, thường ngày, để có thể hướng dẫn về các điểm tham quan, nhà hàng v.v., bạn nên kiểm tra trước địa điểm, tìm hiểu, mở rộng kiến thức của bản thân mình thì sẽ có ích khi cần thiết đấy.

 考えましょう

1. 次のような職種では、お客さまからのどのような要望があると思いますか。

① ホテルのフロント

② ホテルのコンシェルジュ

③ デパートのインフォメーションカウンター

2. 次のような要望に、どのように応えますか。

【レストラン】

① カウンターの席を予約していたが、窓側のテーブル席に変更して*ほしい

② コース*料理を注文したいが、食べられない物がある

3. すぐに要望に応えられない場合、ほかのスタッフに確認するなどで、お客さまを待たせることもあります。その時、どのような対応が必要ですか。

文化ノート

お客さまの心理*1

　お客さまの心理を理解し、要望に応えられるようにすることでお客さまの満足度*は高まります*。

①歓迎されたい*心理

　だれでも「あたたかく迎えられて、自分のことを受け入れて*ほしい」、「敬意を払われ*たい」という思いがあります。歓迎の気持ちや、お客さまを尊敬する気持ちを言葉や表情、態度*で表しましょう。

②損をし*たくない心理

　お客さまはお金を払うからには、それに合ったサービスを受けたいという思い*があります。また、それ以上に得をしたいという思いがあるからこそ、期待を持って要望を伝えてくるのです。少しでもお客さまに得をしたと思ってもらえるよう、その状況でできる最高のおもてなしを行動で示しましょう。

💬 見てみましょう①

 13

【レストランでお客さまとスタッフが話しています】

スタッフ：いらっしゃいませ。［おじぎ］

お客さま：すみません。12時に予約している山
　　　　　本ですけど。

スタッフ：山本さま、(1) **お待ちしておりました。**

お客さま：すみません。3人で予約して(い)たんですけど1人追加して*もいいですか。

スタッフ：(2) **かしこまりました。**(3) すぐにお席の準備をいたしますので、(4) **少々お
　　　　　待ちいただけますでしょうか。**

お客さま：はい、大丈夫です。あと、できれば*窓側がいいんですけど…。

スタッフ：はい、かしこまりました。(5) **ただいまご用意いたしますので、少々お待ち
　　　　　くださいませ。**
　　　　　［準備ができた］
　　　　　(6) **お待たせいたしました。**(7) **お席へご案内いたします。** こちらへどうぞ。

💡 ここがポイント!

ポイント 1	**お待ちしておりました。** 行動報告

予約したお客さまを迎える時に使う「おもてなしのフレーズ」です。このフレーズは、「お客
さまが来るのを心待ち*にしていました」と伝える表現です。

ポイント 2	**かしこまりました。** 承知

お客さまの1人追加という突然の要望に対して柔軟に応対することが重要です。承知したこ
とを伝えてから、すぐに準備することを伝えます。

ポイント 3

すぐにお席の準備をいたしますので、

　　　理由

お客さまの要望に迅速に応えるために、これから何をするのか 理由 を言います。迅速に応対するために「すぐに」という表現を使いましょう。「すぐに」の代わり*に、「ただいま」を使うこともできます。

　　例）すぐにお調べいたしますので、少々お待ちください。

ポイント 4

少々お待ちいただけますでしょうか。

　　　お願い

お客さまにお願いする時の「おもてなしのフレーズ」です。何かを調べたり確認したりするためにお客さまを待たせる時は使いましょう。

ポイント 5

ただいまご用意いたしますので、少々お待ちくださいませ。

　　　理由　　　　　　　＋　　　　　お願い　　　＝迅速な応対

これから何をするのか、待ってもらう理由を述べてから「少々お待ちください。」とお願いを言います。「ただいま」は迅速に行動する表現です。「少々お待ちください」に「ませ」をつけると、より丁寧になります。

ポイント 6

お待たせいたしました。

　　　行動報告

お客さまに待ってもらった後に言う「おもてなしのフレーズ」です。

ポイント 7

お席へご案内いたします。

　行動表明（ご＋V-する＋いたします）

お客さまに自分がこれからすることを伝える時に使います。「案内する」、「報告する*」、「連絡する」などはこの形を使いますが、「確認する」、「準備する」は「ご」がつかないので注意しましょう。また、「持つ」、「運ぶ」、「呼ぶ」、「調べる」などは「お＋V-ます＋いたします」の形になります。接客ビジネスでは習慣的に、このような謙譲語を使います。

　　例）① ご連絡いたします。

　　　　② お部屋へお運びいたします。

基本練習

1. 【おもてなしのフレーズ】 次の時、何と言いますか。発音（はつおん）に気をつけて練習しましょう。

　① 予約（よやく）があるお客さまが来た時

　② お客さまに待ってもらうお願い

　③ お客さまに待ってもらった時

　④ お客さまを案内（あんない）する時

2. 【 理由 ＋ お願い 】 お客さまの要望（ようぼう）に迅速（じんそく）に応（こた）えるために、待ってもらう理由（りゆう）を言いましょう。

　例）席（せき）の準備（じゅんび）をする

　　→すぐに<u>お席の準備をいたしますので</u>、少々（しょうしょう）お待ちいただけますでしょうか。

　① 部屋の用意（ようい）をする　　② 商品の確認（かくにん）をする　　③ 席へ案内（あんない）する

　④ 係（かかり）のものを呼ぶ　　⑤ 番号を調べる　　⑥ 部屋まで持っていく

3. 【迅速（じんそく）な応対（おうたい）】 お客さまの要望（ようぼう）に迅速（じんそく）に応（こた）えましょう。

　例）お客さま：席（せき）を変えてほしい　→　スタッフ：調べる

　　　お客さま：できれば<u>席（せき）を変えてほしい</u>んですけど…。

　　　スタッフ：かしこまりました。ただいま<u>お調べいたしますので</u>、少々（しょうしょう）お待ちください
　　　　　　　　ませ。

　① お客さま：新しいものと取り替えて*ほしい　→ スタッフ：準備（じゅんび）する

　② お客さま：アイロンを使いたい　　　　　　　→ スタッフ：用意（ようい）する

　③ お客さま：近くのジムが知りたい　　　　　　→ スタッフ：確認（かくにん）する

　④ お客さま：メニューがほしい　　　　　　　　→ スタッフ：持ってくる

　⑤ お客さま：タクシーに乗りたい　　　　　　　→ スタッフ：タクシーを呼ぶ

　⑥ お客さま：席（せき）は窓側（まどがわ）がいい　　　　　　→ スタッフ：自由（じゆう）に言いましょう

応用練習

会話のヒントを見ながら、お客さまの要望に迅速に応えましょう。

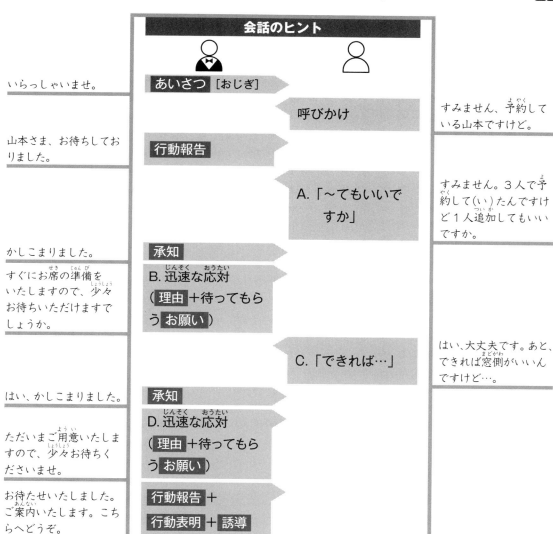

いらっしゃいませ。

あいさつ [おじぎ]

呼びかけ

すみません、予約している山本ですけど。

山本さま、お待ちしておりました。

行動報告

A.「〜てもいいですか」

すみません。3人で予約して(い)たんですけど1人追加してもいいですか。

かしこまりました。

承知

すぐにお席の準備をいたしますので、少々お待ちいただけますでしょうか。

B.迅速な応対
(理由 ＋待ってもらう お願い)

C.「できれば…」

はい、大丈夫です。あと、できれば窓側がいいんですけど…。

はい、かしこまりました。

承知

ただいまご用意いたしますので、少々お待ちくださいませ。

D.迅速な応対
(理由 ＋待ってもらう お願い)

お待たせいたしました。ご案内いたします。こちらへどうぞ。

行動報告 ＋
行動表明 ＋ 誘導

① 要望：部屋を変更したい

　A. 部屋を2階から5階に変更したい
　B. 部屋の確認
　C. 喫煙の部屋
　D. 確認する

② 要望：席を変更したい

　A. テーブル席から個室*に変更したい
　B. 席の確認
　C. 座敷*
　D. 用意する

③ 自由に考えて、話しましょう。

迅速に応える
「すぐに確認いたします。」

Responding Quickly "I'll confirm it right away."
迅速答复 " 马上帮您确认。"
Đáp ứng nhanh chóng "Tôi sẽ kiểm tra ngay ạ."

　お客さまからの質問、確認、要望などに応える時、お客さまを必要以上に待たせないことが大切です。しかし、速ければいいということではありません。お客さまの求めていることに対して、きちんと確実に応対することが何よりも大切です。状況に合わせて的確にどう対応するか判断し、迅速に応対できるよう、普段からさまざまな事態を想定しておきましょう。

　When responding to questions, confirmation or requests from customers, it is important that you do not let customers wait any longer than necessary. But simply responding quickly is not enough. The most important thing is responding accurately to what customers want. Determine how to appropriately respond to the situation and make a habit of anticipating various situations so that you will be able to respond immediately.

　在回应客人的提问、咨询、要求时，不让客人久等格外重要。然而，速度并不意味着一切，针对客人所需来提供服务比什么都重要。所以平时可以预想各种各样的情况，这样在真正发生时就能很快做出正确合适的判断，迅速反应。

　Khi trả lời câu hỏi, xác nhận, đáp ứng nguyện vọng từ khách hàng, việc quan trọng là không để khách hàng chờ lâu quá mức cần thiết. Nhưng không phải cứ nhanh là được. Trước một yêu cầu của khách hàng, quan trọng hơn cả là đối ứng rõ ràng, xác thực. Để có thể phán đoán nên đối ứng như thế nào cho chính xác và phù hợp với tình hình, và đối ứng nhanh chóng thì thường ngày hãy tưởng tượng sẵn các tình huống khác nhau.

 考えましょう

1. あなたはレストランのスタッフです。お客さまから「この商品券*、使える？」と言われました。どのように応対しますか。

①使うことができると、知っている時

②使えるかどうか、わからない時

2. あなたはフロントスタッフです。ホテルのチェックインは 14 時からと決まっています。しかし、お客さまが 12 時に到着しました*。大きな荷物を持ってフロントに来ました。あなたなら、どのように応対しますか。

文化ノート

お客さまの心理2

①独占したい*心理

　お客さまは「ほかの人よりも特別で*ありたい、自分だけを見てほしい」という思いがあります。お客さまをお名前で呼ぶなど、短い時間だとしてもしっかりとお客さまに向き合う*ことが大切です。

②自分本位*の心理

　お客さまは一人ひとりみんな違う価値観を持っていて、自分のしてほしいことをスタッフがしてくれると思っています。お客さまの表情やちょっとした言葉や動作などを見逃さ*ないこと、そして自分の価値観で判断せず、相手の立場*に立っておもてなしの方法を工夫する*ことが必要です。

③まねをしたい心理

　ほかの人が良いサービスを受けていたら、自分も同じサービスを受けたいという思いがあります。お客さまの応対に差をつけてはいけません。

見てみましょう②

 14

【忘れ物をしたお客さまから、ホテルのフロント
に電話がかかってきました】

スタッフ：(1) **お電話ありがとうございます**。**おも
てなしホテルでございます**。

お客さま：すみません、先ほどチェックアウトし
たんですが、(2) 部屋にカメラを忘れたみたいで…。

スタッフ：では、(3) **すぐに確認いたします**。(4) **恐れ入りますが**、**お名前とお電話番号
をお願いします**。

お客さま：さかいかすみです。電話番号は、035-0687-5342 です。

スタッフ：さかいさま、(5) **お電話番号は**、035-0687-5342 **ですね**。かしこまりました。
(6) **それではすぐに** 確認してお電話いたします。

ここがポイント！

ポイント 1	**お電話ありがとうございます**。**おもてなしホテルでございます**。	
	感謝 ＋ Ｎ でございます	😌

電話に出る時のあいさつのフレーズです。ホテルだけでなく、レストランやデパートなどで
も同じようなあいさつをします。お客さまに失礼*のないよう、丁寧に感謝の言葉を言ってか
ら店の名前を言います。「Ｎです」の謙譲語は「Ｎでございます」です。

　例）お電話ありがとうございます。おもてなしレストランでございます。

ポイント 2	部屋にカメラを忘れたみたいで…。
	言いさし

お客さまは時々、「…」のように要望をはっきり言わないことがあります。スタッフはお客さ
まの要望が何かを考え、対応しなければなりません。この場合、「部屋に行ってカメラを探し
てきてほしい」という要望かもしれないとすぐに理解しなければなりません。日本語の依頼
表現*は、あまり相手に負担をかけないように、このようにはっきり言わない場合があります。
これを「言いさし」と呼びます。日本語には、このような「言いさし」表現がたくさんあります。

ポイント 3	すぐに確認いたします。 迅速な応対： 行動表明	

お客さまの要望に応えるために、迅速に確認したり、調べたりしなければなりません。しかしその前に「すぐに確認いたします」と事前にお客さまに伝えることが大切です。スタッフがこれからすることをお客さまに伝えることで、お客さまは安心します。ほかにも「では、すぐにお調べいたします」なども使えます。スタッフが確認する時には「確認いたします」と言い、「ご」がつきません（→ p.19）。

ポイント 4-1	恐れ入りますが、お名前とお電話番号をお願いします。 お願いの 前置き ＋ お願い	

「恐れ入りますが」は「すみませんが」の丁寧な表現で、お客さまに何かお願いをする時のクッション言葉のひとつです。お客さまへの負担が大きいと感じる時に使います。このテキストでは、お願いの 前置き と呼びます。

ポイント 4-2	お名前とお電話番号をお願いします。 （お・ご）N と（お・ご）N ＋をお願いします

和語の名詞には「お」がつき、漢語の名詞には「ご」がつきます。
　例）恐れ入りますが、お名前とご住所をご記入ください。

ポイント 5	お電話番号は、035-0687-5342 ですね。 EQ N は、 N ですね

このようにお客さまの言ったことをもう一度確認することを、「エコークエスション（ EQ ）」と呼びます。お客さまが名前や電話番号、住所、メールアドレス、部屋番号、座席番号などを口頭*で伝えた時は、間違えがないように EQ をすることが重要です。電話などではお客さまに書いてもらうことができないので、どのような漢字を書くかや、メールアドレスなどのスペル*もお客さまに確認する必要があります。
　例）ご住所は、中野区西中野2丁目3－14ですね。

ポイント 6	それではすぐに 確認 してお電話いたします。 前置き それではすぐに＋ 行動表明 V-て＋（お・ご）V-する＋いたします

お客さまの要望にどのように応対するのかを、まず 行動表明 することが大切です。行動表明の前には、「それではすぐに」などの 前置き をしましょう。
　例）それではすぐにお調べしてご連絡いたします。

基本練習

1. 【おもてなしのフレーズ】 次の時、何と言いますか。発音に気をつけて練習しましょう。

① 電話に出る時

② お客さまの要望に対してすぐ確認すると伝える時

③ お客さまにお願いをする時の前置き

2. 【迅速な応対】 お客さまの要望に迅速に応えましょう。

例）要望：電話番号を知りたい　→スタッフ：調べる

お客さま：電話番号（を）知りたいんですけど…。

スタッフ：かしこまりました。では、すぐお調べいたします。

① 要望：子ども用*のいすを使いたい　→スタッフ：用意する

② 要望：4時から会議室を使いたい　→スタッフ：予約する

③ 要望：アイロンがほしい　　　　　→スタッフ：持っていく

④ 要望：予約を変えたい　　　　　　→スタッフ：変更する

3. 【迅速な応対： 前置き ＋ 行動表明 】 お客さまの要望に迅速に応えましょう。「お」と「ご」に注意して練習しましょう。

例）調べる／連絡する　→それでは、すぐにお調べして、ご連絡いたします。

① 調べる／電話する　　② 確認する／報告する　③ 用意する／部屋まで持っていく

4. 【 EQ ：Nは、Nですね】 EQ の練習をしましょう。スタッフはテキストを見ないで聞いてメモを取って確認しましょう。

例）お客さま：電話番号は 0477-336-4649 です。

スタッフ：お電話番号は 0477-336-4649 ですね。

① 部屋／884　　　　② 座席／34C　　　　③ 住所／東京都杉並区城西２－１－４

5. 【お願いの 前置き ＋お＋和語／ご＋漢語＋をお願いします】 例のように練習しましょう。

例）電話番号　→恐れ入りますが、お電話番号をお願いします。

① 名前と住所　　　　　　　　② 名前と予約の日にち

③ 確認　　　　　　　　　　　④ 名前の記入

応用練習

会話のヒントを見ながら、迅速な応対をしましょう

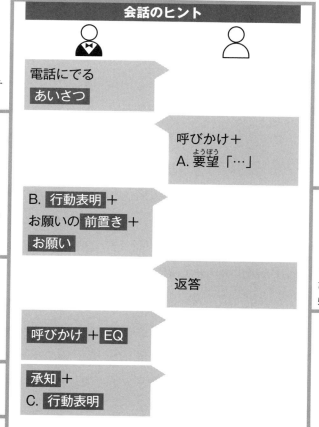

会話のヒント

お電話ありがとうございます。おもてなしホテルでございます。

電話にでる
あいさつ

すみません、先ほどチェックアウトしたんですが、部屋にカメラを忘れたみたいで…。

呼びかけ＋
A. 要望「…」

では、すぐに確認いたします。恐れ入りますが、お名前とお電話番号をお願いします。

B. 行動表明 ＋
お願いの **前置き ＋**
お願い

返答

さかいかすみです。電話番号は 035-0687-5342 です。

さかいさま、お電話番号は、035-0687-5342 ですね。

呼びかけ ＋ EQ

かしこまりました。それではすぐに確認してお電話いたします。

承知 ＋
C. 行動表明

① A. チェックアウトしたが、部屋に本を忘れた
   B. 確認
   C. 確認する＋電話する

② A. 荷物が届かない
   B. 調べる
   C. 調べる＋電話する

③ 自由に考えて、話しましょう。

まとめ問題

1. 正しいペアを線で結び、「おもてなしのフレーズチェックリスト」（→ pp.168 〜 169）
   で確認しましょう。

   ① 電話に出る時のあいさつ ・　　　・恐れ入りますが、

   ② 要望をすぐ確認する時 ・　　　・すぐに確認いたします

   ③ お願いをする前置き ・　　　・お電話ありがとうございます

   ④ 待ってもらうお願い ・　　　・お待ちしておりました

   ⑤ 心待ちしていた時 ・　　　・少々お待ちいただけますでしょうか

2. お客さまの要望に、どのように迅速に応対しますか。

   お客さま：すみません、予約を変えたいんですけど…。

   スタッフ：かしこまりました。では、＿＿＿＿＿＿＿＿＿＿。

   　　　　　恐れ入りますが、＿＿＿＿＿＿＿＿＿。

3. 次のお客さまの要望に対して、どのように迅速に応対しますか。
   ① 座席を変更したい

   ② アイロンを使いたい

   ③２人で予約したが、１人追加したい

   ④２時から会議室を使いたい

   ⑤ メニューがほしい

4. 会話のヒントを見ながら、お客さまの要望に迅速に応対しましょう。ペアワークの様子を録画してポートフォリオも作りましょう。

    👤: あなたは、おもてなしホテルに泊まっています。スタッフに要望を言いましょう。

    👤: あなたは、おもてなしホテルのスタッフです。お客さまの要望を聞いて迅速に応対しましょう。

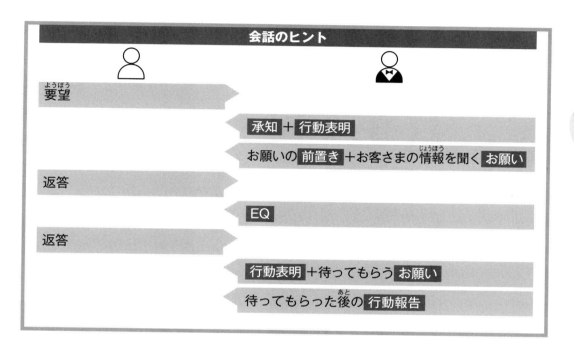

会話のヒント

要望

承知 ＋ 行動表明

お願いの 前置き ＋お客さまの情報を聞く お願い

返答

EQ

返答

行動表明 ＋待ってもらう お願い

待ってもらった後の 行動報告

5. 「考えましょう」に戻って、もう一度考えましょう。

Can-do チェック！

☐ お客さまが安心できる応対をすることができる。

☐ さまざまな状況に合わせて、一番良い方法で迅速に応対できる。

電話応対

Telephone Reception / 电话应对 / Đối ứng điện thoại

1. 電話を受ける（着信音*3回までに出ましょう）

スタッフ：「お電話ありがとうございます。（会社名）でございます。」

お客さま：「山田と申しますが、田中さんはいらっしゃいますか。」

2. 取りつぐ*

①取りつぐ場合

「（いつもお世話に
なっております）、
田中ですね。
少々お待ちくださ
いませ。」

②取りつげない場合

担当者が外出している時：

「申し訳ございませんが、あいにく*田中は外出しております。（戻る予定時間）
　に戻る予定でございます。」

担当者が席をはずして*いる時：

「申し訳ございません。ただいま田中は席をはずしております。」

②-1　かけなおす*場合

「戻り次第こちらからご連
絡させていただいてもよろ
しいでしょうか。」

②-2　用件*を聞く場合

「よろしければ、伝言*をうけたまわります*。」

「よろしければ、代わって用件をうけたまわ
りますが、いかがいたしましょうか。」

③用件や連絡先を聞き、復唱する*

「恐れ入りますが、お電話番号をおうかがいしてもよろしいでしょうか。」

「お電話番号は、123-4567 ですね。」

「恐れ入ります。（会社名）の（相手の名前）さまでございますね。」

3. 終わりのあいさつ

「お電話ありがとうございました。」

「私、（自分の名前）がうけたまわりました。」

4. 電話を切る

「失礼いたします。」

※相手が電話を切ってから切る　※静かに受話器*を置く

※メモをとる（だれから、いつ（時間）、だれ宛*に、用件）

寄りそう心

Closeness

贴近对方的心

Tinh thần cùng dựa vào nhau

セクション**1** 傾聴：「何かございましたか。」

セクション**2** クレームを聴く：「ご迷惑をおかけし、大変申し訳ございませんでした。」

Can-do

☐ お客さまの不満そうな様子を察して声をかけ、話を聞き出すことができる。

☐ お客さまのクレームを傾聴し、丁寧に謝ることができる。

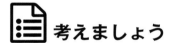

セクション1 傾聴（けいちょう）
「何かございましたか。」

Listening "Is there something I can help you with?"
倾听 " 有什么能为您效劳的吗？ "
Lắng nghe "Đã có chuyện gì ạ?"

「傾聴（けいちょう）」とは、相手（あいて）の話を耳で聞くのではなく、心（こころ）で聴（き）くことです。自分（じぶん）から多くのことを話すのではなく、相手の話に耳を傾（かたむ）けることでお客さまの心（こころ）に寄（よ）りそうことができます。こちらから何かをすることだけがおもてなしではありません。傾聴（けいちょう）もひとつの「おもてなし」です。ここでは、相手を受け入れるおもてなしの方法（ほうほう）を学びましょう。

Keichou (listening closely) means listening to what someone is saying, not with your ear, but with your heart. Opening your ears to what someone has to say rather than doing all of the talking yourself can help you get closer to that person. Just taking it upon yourself to do something is not omotenashi. Listening is another form of omotenashi. Here, you will learn the omotenashi of how to receive someone.

所谓"倾听"，并不单单是用耳，更重要的是用心。相比一味地说，仔细聆听才能更好地把握客人的意图。只是单方面为客人做什么算不上极致的款待，倾听也是必不可少的。在这一课，我们来学习如何听取客人想法的"极致款待"。

"Lắng nghe" không phải là nghe chuyện của người đối diện bằng tai mà nghe bằng trái tim. Không phải nói nhiều chuyện của mình mà lắng nghe chuyện của khách hàng sẽ giúp bạn có thể cùng đồng hành với trái tim khách hàng. Chỉ với việc chúng ta làm điều gì đó thì không phải là Omotenashi. Lắng nghe cũng là một loại "Omotenashi". Ở đây, chúng ta sẽ học phương pháp Omotenashi tiếp nhận người đối phương.

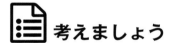 考えましょう

1. 傾聴（けいちょう）する時は、どのような姿勢（しせい）*や態度（たいど）がいいと思いますか。

2. 今、目の前（まえ）*にいないお客さまに、どのようなおもてなしができますか。
   例）ホテルに泊（と）まる日（ひ）が誕生日（たんじょうび）のお客さまが来たので、部屋（へや）にお誕生日（たんじょうび）のお祝（いわ）いカード*を置（お）きました。

傾聴のポイント

①うなずいたり*、相づちをうったりして*共感を示す*

　相手の話を聴いていることを示すために、うなずいたり、タイミング*よく相づちをうつことが大切です。相づちにはさまざまなものがあります。「うん」や「そっかー」ではなく、「ええ」、「そうなのですね」、「おっしゃるとおりです」など、相づちにも丁寧な形があります。

②お客さまの言葉をそのまま使う

　お客さまの言葉をそのまま繰り返す*ことで共感を示すことができます。お客さまの「ゲートは何番ですか」という問い合わせに対して、「搭乗口は61番です」というように「ゲート」を「搭乗口」と言い換える*と、お客さまは不快に*感じます。特に言い換えなくても問題がない場合は、お客さまの言葉をそのまま使いましょう。

③相手をまねる*

　話をしている相手の表情やジェスチャー*をまねることで、「相手は自分の話を聴いてくれている、受け入れられている」と感じます。また、話す速度*やトーンをまねることも効果的*です。

💬 見てみましょう①

📹 15

【ホテルのロビーでお客さまと話しています】

スタッフ：田中さま、(1) <u>お食事はいかがでしたか。</u>

お客さま：それがさ、(2) <u>ちょっとね…。</u>

スタッフ：(3) <u>何かございましたか。</u>

お客さま：味は良かったんだけど、隣<small>（となり）</small>のお客さん

　　　　　がうるさかったし、スタッフのサービスも悪くて。

スタッフ：(4) <u>そうでしたか。</u>(5) <u>大変申<small>（たいへんもう）</small>し訳<small>（わけ）</small>ございませんでした。</u>(6) <u>よろしければ、</u>

　　　　　<u>もう少しお話をうかがえませんか。</u>

お客さま：店員の態度<small>（たいど）</small>が悪くて、それに、呼んでもなかなか来てくれなかったしさ。

スタッフ：(7) <u>さようでございますか。申<small>（もう）</small>し訳<small>（わけ）</small>ございませんでした。</u>(8) <u>貴重<small>（きちょう）</small>な*ご意見<small>（いけん）</small></u>

　　　　　<u>をありがとうございました。</u>［おじぎ］

💡 ここがポイント！

ポイント 1	**お食事はいかがでしたか。** うかがい （N はいかがでしたか）

「どうでしたか」の丁寧<small>（ていねい）</small>な言い方です。お客さまの感想<small>（かんそう）</small>*を聞きたい時に使う表現<small>（ひょうげん）</small>です。お客さまから直接<small>（ちょくせつ）</small>、意見<small>（いけん）</small>や感想<small>（かんそう）</small>を聞くことができる貴重<small>（きちょう）</small>な機会<small>（きかい）</small>*です。このテキストでは、「〜はいかがでしたか」や提案<small>（ていあん）</small>や代替案<small>（だいたいあん）</small>*を言った後<small>（あと）</small>の「いかがですか」を うかがい と言います（→第 7 課）。

ポイント 2	**ちょっとね…。** 言いさし

「…」の部分は「良くなかった」という意味があります。お客さまがこの表現<small>（ひょうげん）</small>を使った時は、誠実<small>（せいじつ）</small>に話を聞き、お客さまの不満<small>（ふまん）</small>が少しでもなくなる*ようにしましょう。

ポイント 3	**何かございましたか。** 確認

お客さまの意見<small>（いけん）</small>をいつでも傾聴<small>（けいちょう）</small>するという気持ちを伝<small>（つた）</small>える表現<small>（ひょうげん）</small>です。お客さまの意見<small>（いけん）</small>や感想<small>（かんそう）</small>

を聞くことは、ホテルだけでなく、レストランやデパート、空港、ショップなどでも大切です。

ポイント 4	そうでしたか。 共感

まずはお客さまの意見を聞く姿勢が大切です。「お客さまの話を聞いている」、「共感している」というサインを送る*のがこの表現です。このテキストでは、これを 共感 と呼びます。

ポイント 5	大変申し訳ございませんでした。 謝罪

「すみません」、「ごめんなさい」の一番丁寧な形です。このテキストでは 謝罪 と呼びます。お客さまから不満や文句*、意見や指摘*を受けたら、自分に非がなくても、まず謝りましょう。

ポイント 6-1	よろしければ、もう少しお話をうかがえませんか。 お願いの 前置き ＋ お願い

お客さまからの不満や文句、意見や指摘を聞く時に使う傾聴の態度を示す「おもてなしのフレーズ」です。お客さまの時間をもらうことになるので、丁寧にお願いをしましょう。

ポイント 6-2	よろしければ、もう少しお話をうかがえませんか。 お願い （N をうかがえませんか）

お客さまの不満や文句、意見や指摘を聞く時に使います。「ご意見をうかがえませんか」や「ご要望をうかがえませんか」などとも言います。

ポイント 7	さようでございますか。申し訳ございませんでした。 共感 ＋ 謝罪

「さようでございますか」は、お客さまから意見や感想、不満や指摘を受けた時に、「あなたの気持ちがわかりますよ」と伝える「おもてなしのフレーズ」です。共感 は謝罪の前置きとして使われることが多いです。このようにお客さまの意見を聞き、共感する態度が、お客さまに寄りそう*心です。

ポイント 8	貴重なご意見をありがとうございました。［おじぎ］ 感謝

お客さまから意見や感想をもらった時に、感謝を伝える「おもてなしのフレーズ」です。どんなことでも、今後のために役に立つので、お客さまに感謝を伝えましょう。たとえ不満や苦情*だとしても、わざわざ*伝えてくれたことに感謝しましょう。

基本練習

1. 【おもてなしのフレーズ】 次の時、何と言いますか。発音に気をつけて練習しましょう。
   ① お客さまの表情を見て、何かあったか確認する時
   ② 共感を示してから謝罪を言う時
   ③ お客さまからもう少し話を聞きたい時
   ④ お客さまにもっと丁寧に共感を示してから謝罪を言う時
   ⑤ お客さまから意見や感想をもらって感謝を伝える時

2. 【 うかがい ：N はいかがでしたか】 お客さまに感想をいろいろ聞きましょう。
   例）スパを案内したお客さまに会いました。

   →スタッフ：スパはいかがでしたか。

   　　　　　マッサージ*はいかがでしたか。

   　　　　　プールはいかがでしたか。

   ① レストランを案内したお客さまに会いました。
   ② 部屋を案内したお客さまに会いました。

3. 【傾聴】 ペアで練習しましょう。
   例）スタッフ：お食事はいかがでしたか。

   →お客さま：それがさ、ちょっとね…。

   　スタッフ：何かございましたか。よろしければ、もう少しお話をうかがえませんか。

   ① バー　　　　　　　　　② 散歩　　　　　　　　　③ レストラン

4. 【 共感 ＋ 謝罪 】 お客さまの感想や不満を聞いて、共感して謝罪を言いましょう。
   例）お客さま：味は良かったんだけど、サービスが悪くて…。

5. 【 共感 】 お客さまの感想を自由に考えましょう。
   例）お客さま：案内してくれたレストラン、よかったよ。

   スタッフ：さようでございますか。

応用練習

会話のヒントを見ながら、お客さまの話を傾聴しましょう。

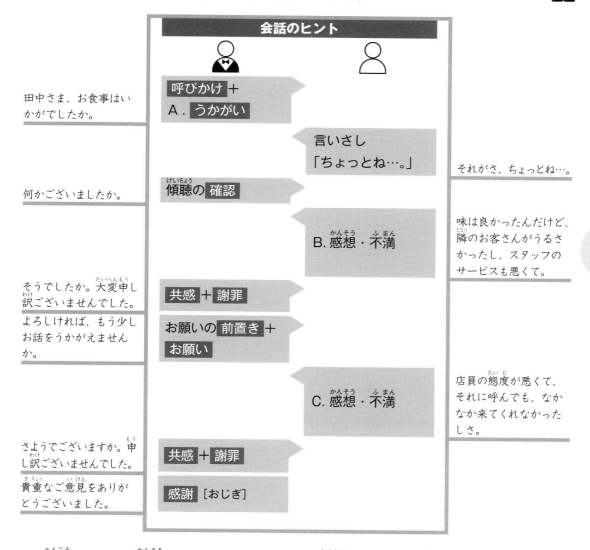

会話のヒント

田中さま、お食事はいかがでしたか。

呼びかけ + A．うかがい

言いさし「ちょっとね…。」

それがさ、ちょっとね…。

何かございましたか。

傾聴の 確認

味は良かったんだけど、隣のお客さんがうるさかったし、スタッフのサービスも悪くて。

B．感想・不満

そうでしたか。大変申し訳ございませんでした。よろしければ、もう少しお話をうかがえませんか。

共感 + 謝罪

お願いの 前置き + お願い

店員の態度が悪くて、それに呼んでも、なかなか来てくれなかったしさ。

C．感想・不満

さようでございますか。申し訳ございませんでした。

共感 + 謝罪

貴重なご意見をありがとうございました。

感謝 ［おじぎ］

第6課　寄りそう心

① 【変更した部屋の感想を聞く】

　A．部屋

　B．ベッドは良かった／ちょっと狭い／景色も良くない

　C．エレベーターから遠い／禁煙*の部屋なのにタバコ臭い

② 【案内したおみやげ屋さんの感想を聞く】

　A．買い物

　B．店員は良かった／おみやげがちょっと高かった／商品があまり良くなかった

　C．4個で2000円／重い

③ 自由に考えて、話しましょう。

クレームを聴く
「ご迷惑をおかけし、大変申し訳ございませんでした。」

Listening to Complaints "I apologize terribly for having troubled you."
聆听客人的不满 "给您添麻烦了，十分抱歉。"
Lắng nghe phàn nàn "Chúng tôi đã làm phiền quý khách. Mong quý khách thứ lỗi."

　お客さまからクレームをもらった時は、チャンスと考えましょう。お客さまは期待しているからこそ、貴重な時間を使ってまでクレームをするのです。また、クレームの対応の仕方によっては、さらなるクレームを引き起こすこともあります。しっかりとご意見を聴き、信頼を得られるようにしましょう。

　When you receive a complaint from a customer, consider it an opportunity. This is because the customer is taking a moment of their precious time to make their complaint with certain expectations. How you handle their claim may cause further claims to arise. Listen carefully to their comments and work to earn their trust.

　当接到投诉时，应把它当成一个难得的机会。正是因为客人有所期待，才会用宝贵的时间来表达不满。另外，如果应对方式不当，也许会令客人更加不快。充分倾听客人的意见，赢得客人的信赖吧。

　Khi bị khách hàng phàn nàn, hãy cho đó là cơ hội. Chính vì khách hàng kỳ vọng nên mới sử dụng thời gian quý báu để phàn nàn. Ngoài ra, tùy vào cách đối ứng với phàn nàn mà có khi dẫn đến sự phàn nàn hơn nữa. Do đó hãy lắng nghe kỹ ý kiến và cố gắng để được tin tưởng.

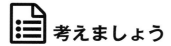 考えましょう

次の事例を読んで考えましょう。

事例【ホテルのフロント】

①チェックインが終わったお客さまがもう一度フロントに来ました。禁煙の部屋を予約していたのに、部屋に行ったら喫煙の部屋だったということを強く言われました。どのように対応しますか。

②どうすればお客さまに不快な思いをさせずにすみましたか。

グッドマンの法則

　商品やサービスに不満があってもクレームを言わない人は、二度と利用することはありません。一方、クレームを言う人は、期待しているからこそ意見を言うので、また利用する可能性があります。だからこそ、クレームに対してしっかりと丁寧に傾聴することが大切です。

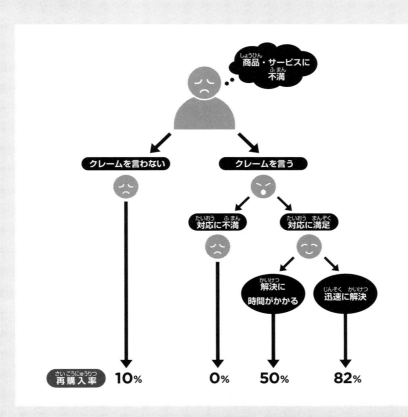

※『顧客満足ってなあに？イラスト版』（日本経済新聞社）を参考に作成

グッドマンの法則

💬 見てみましょう②

 📹 16

【お客さまの服にワインをこぼして*しまい、お客さまが怒っています】

スタッフ：⑴ <u>本日は、こちらの不注意で</u> ⑵ <u>ご迷惑をおかけし、大変申し訳ございませんでした。</u>［敬礼］

お客さま：本当だよ。せっかく*（おいしいワインを飲みながら食事をして）いい気分*だったのに。

スタッフ：⑶ <u>申し訳ございません。</u>

お客さま：しかも、服も汚れているし、帰り、どうすんの（よ）。

スタッフ：⑶ <u>大変申し訳ございません。</u>⑷ <u>お召し物は、すぐにしみ抜き*をいたします。</u>

お客さま：しみ抜きって、今どうすんの？　食事も途中*だし、しかも、今日は記念日*で、わざわざ食事をしに来てるんだよね。

スタッフ：⑸ <u>さようでございましたか。</u>⑹ <u>大変申し訳ございませんでした。</u>［最敬礼］

💡 ここがポイント!

ポイント1	<u>本日は、こちらの不注意で</u>
	理由 （N は、こちらの ＋N で）

お客さまに迷惑をかけた理由の説明です。どのような点でお客さまに迷惑をかけたのか説明することで、誠実にお客さまの心に寄りそっています。

　例）本日は、こちらの間違い*でご迷惑をおかけしました。

ポイント2	<u>ご迷惑をおかけし、大変申し訳ございませんでした。</u>［敬礼］	
	理由　　＋　　謝罪	

お客さまにただ謝るのではなく、理由を一緒に言うことが大切です。「本日はこちらの不注意で」や「この度*は」などを前につけることもあります。敬礼をすると 謝罪 の気持ちが深くなります。

　例）不快な思いをさせてしまい、大変申し訳ございませんでした。

110

ポイント 3

（大変）申し訳ございません。

謝罪

お客さまがクレームを言った後には、必ず謝ります。謝ってお客さまに寄りそう態度が大切です。

ポイント 4

お召し物は、すぐにしみ抜きをいたします。

行動表明（Nは、すぐに＋Vいたします）

汚してしまった服をどうするのか、対応する前にその行動について表明することがおもてなしです。「お召し物」はお客さまが着ている服を丁寧に言う表現です。ほかに、お客さまの履いているくつは「お履物」と言います。

例）お飲物は、すぐにお取り替えいたします。

ポイント 5

さようでございましたか。

共感

セクション1でも共感を示すフレーズを学びました。このようにお客さまの事情を聞いた後は、お客さまの心に寄りそっているという気持ちを表すために、このような共感の言葉を言います。このように共感することは、お客さまの心に寄りそう方法のひとつです。お客さまがクレームや不満を言った後は、このように共感してから謝ります。

ポイント 6

大変申し訳ございませんでした。［最敬礼］

謝罪

お客さまがクレームや不満を言った時は、まずお客さまの意見に共感し、その後に 謝罪 します。「大変」をつけると 謝罪 の気持ちが深くなります。

1. 【おもてなしのフレーズ】　次の時、何と言いますか。発音に気をつけて練習しましょう。

　　① 理由を述べて謝罪する時

　　② もう一度、謝罪する時

　　③ もう一度、深く謝罪する時

　　④ 共感を示して、謝罪する時

2. 【 理由 ＋ 謝罪 】　お客さまに深く謝罪しましょう。

　　例）迷惑をかけた

　　　　→ご迷惑をおかけし、大変申し訳ございませんでした。

　　① 面倒をかけた*

　　② 不便をかけた*

　　③ 長らく待たせた

　　④ 不快な思いをさせてしまった

3. 【 謝罪 ＋ 行動表明：Nは、すぐにVいたします】　お客さまに、スタッフがこれから

することを伝えましょう。

　　例）服／しみ抜きをする

　　　　→大変申し訳ございません。お召し物は、すぐにしみ抜きをいたします。

　　① くつ：代わりを準備する

　　② 食事：新しいものを用意する

4. 【寄りそう心：クレームを聴く】　あなたはデパートの店員です。お客さまから「買った服

　　に穴*があいていた」と言われました。謝罪には、いろいろなパターンがあります。①か

　　ら③のパターンで練習しましょう。

　　① まず謝罪（理由＋謝罪）

　　② 謝罪＋行動表明

　　③ 共感＋深く謝罪＋最敬礼

応用練習

会話のヒントを見ながら、寄りそった応対をしましょう。

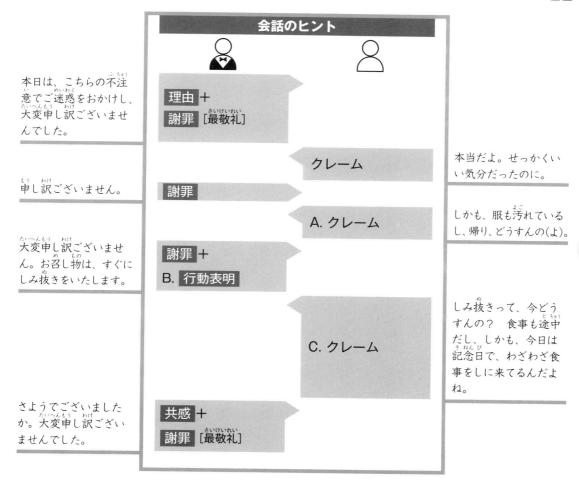

会話のヒント

本日は、こちらの不注意でご迷惑をおかけし、大変申し訳ございませんでした。

理由 + 謝罪［最敬礼］

クレーム

本当だよ。せっかくいい気分だったのに。

申し訳ございません。

謝罪

A. クレーム

しかも、服も汚れているし、帰り、どうすんの(よ)。

大変申し訳ございません。お召し物は、すぐにしみ抜きをいたします。

謝罪 + B. 行動表明

C. クレーム

しみ抜きって、今どうすんの？　食事も途中だし、しかも、今日は記念日で、わざわざ食事をしに来てるんだよね。

さようでございましたか。大変申し訳ございませんでした。

共感 + 謝罪［最敬礼］

① A. 服がぬれている／風邪をひいてしまう

　　B. 服は洗って乾かす

　　C. 乾かしている間どうするのか／今日は誕生日

② 自由に考えて、話しましょう。

第6課　寄りそう心

113

まとめ問題

1. 正しいペアを線で結び、「おもてなしのフレーズチェックリスト」（→ pp.168 ～ 169）で確認しましょう。

① 理由を言って謝罪する時　・　　　・何かございましたか

② 不満そうな表情を見た時　・　　　・さようでございましたか

③ 意見を聞き出す時　　　　・　　　・よろしければ、もう少しお話をうかがえませんか

④ 意見に対する感謝　　　　・　　　・貴重なご意見をありがとうございました

⑤ 不満や意見を聞いた時　　・　　　・ご迷惑をおかけし、大変申し訳ございませんでした

2. お客さまのクレームを傾聴する時、まず何と言いますか。次の①から⑤の場面で考えてみましょう。

① お客さまの不満があいまいな*時、どのようにそれを聞き出しますか。

② お客さまが不満を言った後、どのように寄りそいますか。

③ お客さまの不満を聞き、寄りそった後、どのように感謝の気持ちを伝えますか。

④ こちらの不注意で間違いをしてしまった時、どのように謝りますか。

⑤ お客さまは誕生日のお祝いでレストランに来ました。それなのにスタッフの不注意でワインをこぼしてしまいました。どのように謝りますか。 理由 ＋ 謝罪 ＋ 行動表明 の順に言いましょう。

3. 次のお客さまのクレームに、どのように寄りそえばいいでしょうか。考えましょう。

① スタッフにジュースをこぼされた

② 食事に虫が入っていた

③ 部屋が汚れていた

④ 予約がとれていなかった

4. 会話のヒントを見ながら、お客さまに寄りそった応対をしましょう。ペアワークの様子を録画してポートフォリオも作りましょう。

👤：あなたは、おもてなしホテルのコンシェルジュです。前にお客さまにすすめた*ツアーがどうだったか感想を聞きましょう。お客さまの様子を見て、どのような不満があるのか聞き出し、お客さまに寄りそい共感しましょう。

👤：あなたはおもてなしホテルに泊まっています。昨日、コンシェルジュにすすめられたツアー*に行ってきましたが、あまりよくなかったです。何がよくなかったか不満を考えて、スタッフに言いましょう。

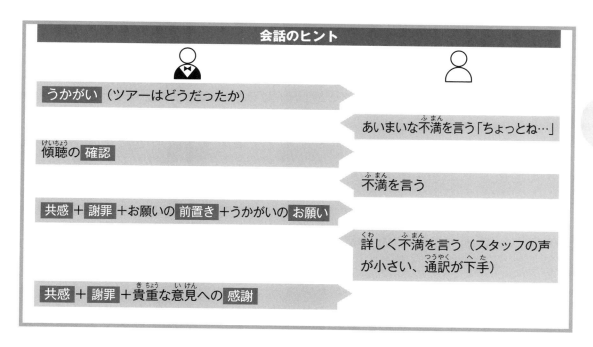

5. 「考えましょう」に戻って、もう一度考えましょう。

Can-do チェック！

☐ お客さまの不満そうな様子を察して声をかけ、話を聞き出すことができる。
☐ お客さまのクレームを傾聴し、丁寧に謝ることができる。

お茶の出し方

How to Serve Tea / 如何上茶 / Cách mời trà

1. トレイ*にのせる
   （ソーサー*とカップは別にセットする）

2. トレイを胸の高さに、両手で持つ

3. ノック→「失礼いたします」→おじぎ

4. トレイをサイドテーブル*や空いたスペースに置く

5. トレイの上でセットする（ソーサーにカップをのせる）

6. 上座*のお客さまから、出していく
   （基本的にお客さまの右側後方から出すが、状況によっ
   て出しやすいほうからでもよい）
   （お菓子→左側、お茶→右側）

7. トレイは表を外側にして脇*にかかえて*持つ

8. おじぎをして部屋を出る

柔軟な応対
じゅうなん　おうたい

Flexible Response
灵活应对
Đối ứng linh hoạt

セクション1 代案：「セミダブルのお部屋でしたらご用意できますが、いかがでしょうか。」
だいあん　　　　　　　　　　　　　　　　　　ようい

セクション2 提案：「そちらで体験もできますが、いかがでしょうか。」
ていあん　　　　　　　　たいけん

Can-do

☐ お客さまの要望に応えられなくても代案を立て、お客さまに理解してもらうことができる。
ようぼう　こた　　　　　　　だいあん　　　　　　　　　　　　　　りかい

☐ お客さまのあいまいな要望に対して確認し、いくつか提案することができる。
ようぼう　たい　　かくにん　　　　　　　ていあん

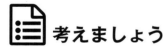

Alternate Suggestions "We can arrange a semi-double room. Would that be okay?"
替代方案 " 大床房的话可以马上给您安排，您看怎么样？"
Đề xuất phương án thay thế "Nếu là phòng Semi- Double thì chúng tôi có thể chuẩn bị , quý khách thấy thế nào ạ?"

「代案」とは、お客さまの希望に応えられない場合に、ただ断るのではなく、ほかにできることがないか考え提案し、臨機応変に対応することです。できないとあきらめるのではなく、代案を出すことで誠意が伝わります。マナーやマニュアルは、あくまでも業務を遂行するための基本ですが、これだけでは最高のおもてなしはできません。お客さまだけではなく、その場の環境や状況もすべて異なります。だからこそ、柔軟に応対することが大切なのです。

Offereing *daian* (alternative suggestions) when you cannot fulfill a customer's request does not mean just refusing to help. Rather, it means suggesting that there may be other options available to the customer and adapting to best respond to their needs. Instead of giving up if you are unable to do something, convey sincerity by offering an alternative. Manners and manuals serve as the basics of doing business, but they alone cannot provide the highest degree of omotenashi. Customers change, and so too does your environment and surrounding circumstances. This is why it is important to respond flexibly.

无法满足客人要求时，我们不能只是一口回绝，还要考虑有没有其他能为客人做的。提出"替代方案"，随机应变。不因达不到要求就放弃，而是努力提出替代方案，也能让客人从中感受到诚意。商务礼仪和待客指南说到底不过是服务业的基本，并不算极致的款待之道。不仅是客人形形色色，当时所处的环境和具体状况也各不相同。正因如此，灵活应对非常重要。

Phương án thay thế là khi không thể đáp ứng nguyện vọng của khách hàng, chúng ta suy nghĩ xem có cách khác không và đề xuất, đối ứng tùy vào tình hình. Bằng cách không từ bỏ khi không thể mà đưa ra phương án thay thế, chúng ta sẽ truyền tải được thành ý. Phép ứng xử và sách hướng dẫn vốn dĩ chỉ là cơ bản để thực hiện công việc nhưng chỉ như vậy thì không thể có được Omotenashi cao nhất. Không chỉ khách hàng mà môi trường và tình hình nơi đó cũng khác nhau. Chính vì vậy, quan trọng là phải đối ứng linh hoạt.

考えましょう

1. お客さまの要望に対して、自分だけで判断できない時もあります。その場合は、判断ができる人（マネージャー*や上司*など）に確認しなければなりません。その間、お客さまは待つことになります。このような状況でできるおもてなしは何だと思いますか。

2. お客さまに代案を出す場合、どのような伝え方がいいと思いますか。次の2つの代案を比べてみましょう。
【ホテルのフロント】
お客さま：部屋なんですが、スーツケース*を広げたいので少し広めの部屋がいいんですが…。

代案1：

「かしこまりました、お調べします。（中略）

少し広めのお部屋をご用意できますが、ランドリー*が隣ですので少々音が気になるかもしれません。よろしいでしょうか。」

代案2：

「かしこまりました。お調べします。（中略）

ランドリーが隣ですので少々音が気になるかもしれませんが、少し広めのお部屋がご用意できます。いかがでしょうか。」

文化ノート

感動するおもてなし

　最近では、満足を超えて感動を与えよう*という意識が高まっています。良いサービスを提供したと思っても、それはスタッフの自己満足*です。まずは、お客さまをよく観察し*、コミュニケーションをとりながらお客さまの期待値*を確認しましょう。

感動するおもてなしの実例

ホテル：ベルスタッフはホテルの玄関でお客さまを迎えます。ベルスタッフはお客さまの顔が見える前に、だれが来たかわかってしまいます。それは、お客さまの車のナンバー*を覚えているからです。車で到着したお客さまを迎える時には、すぐにお客さまをお名前で呼びます。

空港：ラウンジスタッフはよく利用するお客さまの好み*を把握しています*。「コーヒーに入れるミルクはポーションミルク*ではなく、牛乳を用意してほしい」という要望が一度でもあれば、次回はコーヒーに牛乳をそえて出します。

💬 見てみましょう①

【お客さまがチェックインをしに来ました】

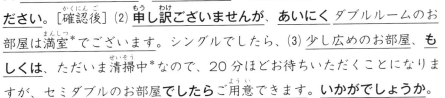

お客さま：すみません、部屋なんですが、ダブルルームに変えてもらいたいんですけど。

スタッフ：(1) <u>確認いたしますので、少々お待ちください。</u>［確認後］(2) <u>申し訳ございませんが、あいにく</u>ダブルルームのお部屋は満室*でございます。シングルでしたら、(3) 少し広めのお部屋、<u>もしくは、</u>ただいま清掃中*なので、20分ほどお待ちいただくことになりますが、セミダブルのお部屋<u>でしたら</u>ご用意できます。<u>いかがでしょうか。</u>

お客さま：じゃあ、セミダブルの部屋にしようかな。

スタッフ：かしこまりました。では、(4) <u>お部屋の準備が整いましたら、すぐにご案内いたしますので、</u>奥のソファー席でお待ちください。(5) <u>お飲物はあちらにございます。</u>よろしければ、どうぞ。

💡 ここがポイント！

ポイント 1	確認いたしますので、少々お待ちください。
	理由 ＋ お願い

お客さまを待たせる前に、どうして待ってもらうのか、まず理由を説明しましょう。今の状況を伝えてから、お客さまにお願いをします。お客さまにお願いをする時は、「お＋V-ます＋ください」の形を使います（→第4課）。

例）すぐにお調べいたしますので、少々お待ちください。

ポイント 2	申し訳ございませんが、あいにくダブルルームのお部屋は満室でございます。
	断りの 前置き（謝罪）＋ 断りの 前置き ＋ 断り

お客さまの要望に応えられず、断らなければならない時の前置きとして「申し訳ございませんが」と言います。その後、クッション言葉の「あいにく」を使うことで、残念な*気持ちを伝えます。まず謝ってから断ることで、お客さまに寄りそい、誠実な態度を示します。お客さまの要望に応えられない時、「満室でございます」とはっきり断ることが誠実な応対です。

ただ断るのではなく、断りに前置き表現をそえて誠実に説明し、お客さまに理解してもらうようにしましょう。このテキストでは、 断り と言います。

ポイント 3

少し広めのお部屋、**もしくは**、セミダブルのお部屋でしたらご用意できます。

　　　代案1 ＋もしくは ＋ 代案2 でしたら ＋

いかがでしょうか。
代案の うかがい

お客さまの要望に応えられない時は、柔軟に応対しなければなりません。断ってから、代替案をいくつか言うことを心がけましょう。このテキストでは、代替案を 代案 と呼びます。そして、いくつかの 代案 の中からお客さまが選べることが、「おもてなし」になります。ここでは「代案1」か「代案2」を、お客さまが選ぶことができます。この代案1は条件提示の文で示されています。「もしくは」は、「または」の丁寧な言い方です。

例）2階、もしくは3階のお部屋したらご案内できますが、いかがでしょうか。

ポイント 4

お部屋の準備が整いましたら、すぐにご案内いたしますので

　　条件提示（〜たら）　＋　　理由（行動表明）

お客さまに、これから何をするか、行動表明をする前に条件提示をします。行動表明をお客さまに伝えることで、お客さまは安心します。「すぐにご案内いたしますので」は理由（行動表明）です。この後に「奥のソファー席でお待ちください。」と お願い が来ます。

ポイント 5

お飲物はあちらにございます。

　　情報提供

ここではお客さまに待ってもらうので、お客さまを気遣い*「飲み物があそこにある」という情報を提供しています。お客さまにできるだけ無理なく待ってもらえるよう、柔軟に応対しましょう。

1. 【おもてなしのフレーズ】　次の時、何と言いますか。発音に気をつけて練習しましょう。

　① 確認するので、待ってもらうお願い

　② お客さまの要望にそえない時の断りの前置き（謝罪）

　③ 代案を伝えた後のうかがい

　④ すぐに案内する時の行動表明

2. 【断りの 前置き （謝罪）＋断りの 前置き ＋ 断り 】

　次のような時、何と言ってお客さまに断りますか。

　例）席を変更したいが、満席の時

　　→申し訳ございませんが、あいにくお席は満席でございます。

　① 予約を午後３時から５時に変更したいが、予約がいっぱいの時

　② 予約をシングルからダブルの部屋に変更したいが、満室の時

　③ 11時に部屋でラーメンを食べたいが、ルームサービス*は10時までの時

3. 【 代案１ ＋もしくは＋ 代案２ でしたら】

　上の2.の①～③で断った後、どのような代案を伝えられると思いますか。考えましょう。

　①

　②

　③

4. 【 条件提示 ＋ 理由（ 行動表明 ）】

　お客さまにこれからすることを伝えましょう。そして待ってもらうようお願いしましょう。

　例）準備が整う／案内する

　　→では、準備が整いましたら、すぐにご案内いたしますので、少々お待ちください。

　① 席が空く／案内する　　　　　　② 用意ができる／案内する

　③ タクシーが来る／呼ぶ　　　　　④ 確認できる／知らせる

5. 【 お願い 】お客さまに丁寧にお願いしましょう。

　例）あそこのいすにかけて待つ　→ あちらのいすにおかけになってお待ちください。

　① 部屋で待つ　　　　② 部屋に持って行く　　③ フロントまで電話する

　④ ここで書いて待つ　⑤ これを使う　　　　　⑥ それを確認する

会話のヒントを見ながら、代案を提案しましょう。

会話のヒント

すみません、部屋なんですが、ダブルルームに変えてもらいたいんですけど。

A. 要望

確認いたしますので、少々お待ちください。

理由 ＋ お願い

申し訳ございませんが、あいにくダブルルームのお部屋は満室でございます。

断りの 前置き （謝罪）＋断りの 前置き ＋ B. 断り

C. 代案1 ＋ もしくは＋ 代案2 でしたら ＋ 代案の うかがい

シングルでしたら、少し広めのお部屋、もしくは、セミダブルのお部屋でしたらご用意できますが、いかがでしょうか。

じゃあ、セミダブルの部屋にしようかな。

D. 返答

承知

かしこまりました。

E. 条件提示 ＋ 理由（行動表明） ＋ お願い

では、お部屋の準備が整いましたら、すぐにご案内いたしますので、お待ちください。

第7課 柔軟な応対

① 【今9時30分です。お客さまからフロントに電話がありました】

　　A. スパの予約を10時から11時に変更したい

　　B. 11時は予約がいっぱい

　　C. 11時半／9時

　　D. 11時半にする

　　E. 準備ができる／部屋で待つ

② 自由に考えて、話しましょう。

提案
「そちらで体験もできますが、いかがでしょうか。」

Suggestions "You can try it there, if you would like."

提议 " 也可以去那里体验一下，您看怎么样？"

Đề xuất "Có thể trải nghiệm ở đó, quý khách thấy sao ạ?"

自分にとって最高のおもてなしでも、お客さまにとって最高とは限りません。だからこそ、お客さまの要望に応えるために、さまざまな選択肢を提案します。お客さまが自分で選べるということが最高の「おもてなし」なのです。そのために、さまざまな「提案」ができるように幅広い知識や情報を身につけておくことが大切です。

What you may consider to be the best form of omotenashi is not always the best for your customers. That is why you should offer a variety of options to meet the needs of your customers. The best kind of omotenashi is that which the customer chooses on their own. Therefore, it is essential to acquire a wide range of knowledge and information so that you are able to provide different kinds of *annai* (guidance).

有时，自己觉得是最佳的服务，对客人来说却不尽如此。故而，为了更好地达成客人的愿望，我们应该给客人更多的选择，客人自己选择的才是最好的。因此，为了能给客人提供选择空间，为客人做出更多的"提议"，掌握丰富知识和信息非常重要。

Có thể đối với bản thân chúng ta đó là Omotenashi tốt nhất nhưng chưa hẳn tốt nhất đối với khách hàng. Chính vì vậy, để đáp ứng nguyện vọng của khách hàng, chúng ta đề xuất nhiều sự chọn lựa khác nhau. Việc khách hàng tự lựa chọn chính là "Omotenashi" cao nhất. Để làm được điều đó, quan trọng là chúng ta phải tích lũy kiến thức và thông tin rộng để có thể "đề xuất" nhiều phương án khác nhau.

 考えましょう

1. あなたはホテルのコンシェルジュです。コンシェルジュデスクにお客さまが来ました。初めて日本に来たので、どこへ観光しに行けばいいのかわからないそうです。あなたならどのような応対をしますか。

2. あなたの友達が、あなたの国に旅行に行きます。観光スポットやレストランなどについて、友達が行きたくなるように提案しましょう。

CS（Customer Satisfaction：顧客満足*）から
CD（Customer Delight：顧客感動*）へ

　お客さまの満足度や感動は、お客さまの期待にどれだけ応えられたかの評価*で判断されるのです。商品やサービスがお客さまの期待通り*であれば、それは満足なのです。期待以下であれば不満を持ち、再度*利用しない、購入し*ないだけでなく、クレームになることもあります。一方、期待以上であればそれは感動につながるのです。そのためには、まずはお客さまをよく観察し、コミュニケーションをとりながらお客さまの期待値を確認しなければなりません。相手の喜び*を自分の喜びとして感じられるようになれば、自然と感動につながるのです。

期待	<	現実	▶	感動
期待	<	現実	▶	喜び
期待	=	現実	▶	満足
期待	>	現実	▶	不満

※『コトラーのマーケティング・マネジメント 基本編』（ピアソン・エデュケーション）を参考に作成

お客さまの期待とその効果

第7課　柔軟な応対

💬 見てみましょう②

【お客さまがコンシェルジュに質問をしています】

お客さま：(1) この辺で見るところある？

スタッフ：そうですね。(2) いくつかございますが、出発までお時間どのくらいございますか。

お客さま：4時間ぐらいかな。

スタッフ：さようでございますか。

(3) それでしたら、近くに美術館もございますし、ガラス工房*もございます。

(4) そちらで体験*もできますが、いかがでしょうか。

お客さま：体験ができるのは、ガラス工房だけ？

スタッフ：そうですね。ほかに和菓子作りの体験ができるところもございます。

(5) もしよろしかったら、こちらのパンフレット*をご覧になりますか。

(6) いくつかございますので。

お客さま：ありがとう。

スタッフ：(7) こちらでご予約もできますので、必要であればお申しつけ*ください。

お客さま：ありがとう。

💡 ここがポイント！

ポイント 1	この辺で見るところある？ お客さまの要望

スタッフは、お客さまがどうしてこの質問をするのかを考え、「この辺で見て回れるおすすめのところを紹介してほしい」というお客さまの本当の気持ちを理解することが必要です。単に質問しているのか、要望なのかを確認するために、質問をすることもあります。お客さまは、要望をはっきり言わず、あいまいに言うことが多いので、スタッフはお客さまに寄りそって、何を考えているのかを察することが大切です。

ポイント 2

いくつかございますが、出発までお時間どのくらいございますか。

　　情報提供　　＋　　　　　　　確認

スタッフは、お客さまの要望に対して、一番いい提案をするために、お客さまの事情を確認することが大切です。ここでは、お客さまにどのくらい時間があるのか確認しています。お客さまの予定を知ることで、その時間の中で行けるところを提案することができます。

ポイント 3

それでしたら、近くに美術館もございますし、ガラス工房もございます。

提案の　前置き　＋　　　提案1　　＋し、　　　提案2

ここでは、お客さまの「4時間ぐらいかな」という言葉から、4時間でできることを考え、提案をしようとしています。提案する前には「それでしたら」を使います。お客さまに選んでもらえるように、いくつか提案することで、さらに丁寧になります。お客さまの事情によって柔軟に提案することが必要です。

ポイント 4

そちらで体験もできますが、いかがでしょうか。

　　情報提供　　　　＋　　うかがい

ここでは「ガラス工房では体験ができる」という情報を提供しています。このテキストでは、提案や代案などをした後、さらに詳しく情報を伝えるために 情報提供 をします。また、いくつか提案した後には、「いかがでしょうか」とうかがいます。

ポイント 5

もしよろしかったら、こちらのパンフレットをご覧になりますか。

提案の　前置き　　　＋　　　提案　　＝一歩進んだ応対

お客さまは「パンフレットがほしい」という要望はしていませんが、スタッフは一歩進んだ応対（→第4課）をしています。お客さまが見るので、ここでは尊敬語を使います。

ポイント 6

いくつかございますので。

　　理由

提案する時は、お客さまに選んでもらえるように、いくつかの提案をします。ここでは、お客さまに選んでもらえる理由を伝えています。

ポイント 7

こちらでご予約もできますので、必要であれば **お申しつけください。**

　　情報提供　　＋　条件提示　＋　　お願い

ここではお客さまに「ホテルで予約できる」という情報を伝えています。そして「頼んでください」という意味で「お申しつけください」とお願いしています。

1. 【おもてなしのフレーズ】 次の時、何と言いますか。発音に気をつけて練習しましょう。
   ① 提案をした後のうかがい
   ② 提案の前置き
   ③ 必要であれば言うようにお願いする時

2. 【相手を思う心】 お客さまのあいまいな質問に答え、要望を確認しましょう。

   例) お客さま：今日は満席？

   →スタッフ：<u>いいえ、まだ空いておりますが</u>、<u>お席の変更をご希望でしょうか</u>。

   ① お客さま：この辺においしいレストランある？

   ② お客さま：お酒が飲めるところってあるの？

3. 【提案の 前置き (それでしたら、) ＋ 提案1 ＋し、＋ 提案2 】提案をしましょう。

   例) お客さま：隣に人がいない席に変更したいんだけど…。

   →窓側が空いている／真ん中の席も空いている

   スタッフ：それでしたら、<u>窓側も空いておりますし</u>、<u>真ん中のお席も空いております</u>。

   ①お客さま：和食が食べたいんだけど…。

   →天ぷら屋もある／すし屋もある

   スタッフ：

   ②お客さま：その店って遠いの？　遠くは行きたくないなあ。

   →近くに居酒屋もある／バーもある

   スタッフ：

4. 【誠実な応対】 上の3.でお客さまに①、②の提案をしました。その提案についてどんな情報提供とうかがいができますか。

   ①

   ②

5. 【一歩進んだ応対：提案の 前置き ＋ 提案 】一歩進んだ応対をしましょう。
   ① 一歩進んだ応対：タクシーを呼ぶ
   ② 一歩進んだ応対：何時まで開いているか確認する

会話のヒントを見ながら、お客さまの要望を確認し、いくつか提案をしましょう。

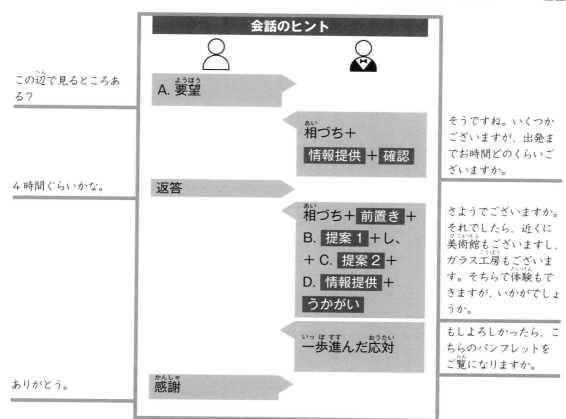

会話のヒント

この辺で見るところある？

A. 要望

そうですね。いくつか ございますが、出発ま でお時間どのくらいご ざいますか。

相づち＋
情報提供 ＋ 確認

4時間ぐらいかな。

返答

さようでございますか。 それでしたら、近くに 美術館もございますし、 ガラス工房もございま す。そちらで体験もで きますが、いかがでしょ うか。

相づち＋ 前置き ＋
B. 提案1 ＋し、
＋ C. 提案2 ＋
D. 情報提供 ＋
うかがい

もしよろしかったら、こ ちらのパンフレットを ご覧になりますか。

一歩進んだ応対

ありがとう。

感謝

① A. この辺においしいレストランがあるか知りたい

　　B. 天ぷら屋もある

　　C. すし屋もある

　　D. ホテルから歩いて15分くらいで魚が新鮮*

② A. お酒が飲めるところを探している

　　B. 近くに居酒屋もある

　　C. バーもある

　　D. 遅くまで開いている

③ 自由に考えて、話しましょう。

まとめ問題

1. 正しいペアを線で結び、「おもてなしのフレーズチェックリスト」（→ pp.168 ～ 169）で確認しましょう。

① 待ってもらう理由とお願い　・　　　・確認いたしますので、少々お待ちください

② 何かあれば言ってほしい時　・　　　・あいにく

③ すぐに案内する時　　　　　・　　　・申し訳ございませんが、

④ 断りの前置き（謝罪）　　　・　　　・いかがでしょうか

⑤ 断りの前置き　　　　　　　・　　　・お申しつけください

⑥ 代案・提案後のうかがい　　・　　　・すぐにご案内いたしますので、

2. 次の状況で、どのような柔軟な応対ができますか。ヒントを見ながら考えましょう。

ヒント：断りの 前置き （謝罪）＋ 断りの 前置き ＋ 断り

代案１ ＋ 代案２ ＋ うかがい

① 空港でお客さまが席を通路側に変更したいと言ってきたが、通路側は満席の時

② レストランでお客さまが焼酎を飲みたいと言ってきたが、ない時

③ 空港で乗る予定だった飛行機（のフライト）がキャンセルになった時

④ デパートでお客さまが買いたい商品が品切れ*だった時

3. 上の2.の①～④をペアで練習しましょう。練習の後、お客さまは満足したかどうか、スタッフに伝えましょう。もし満足できなかった場合、どうすればよかったのか話し合いましょう。

4. 会話のヒントを見ながら、柔軟な応対をしましょう。ペアワークの様子を録画してポートフォリオも作りましょう。

8: あなたは、おもてなしホテルに宿泊しています＊。スタッフに自分の要望を伝え、スタッフの応対に満足したら感謝の言葉を伝えましょう。

8: あなたは、おもてなしホテルのコンシェルジュです。お客さまの要望に対してお客さまの状況を確認し、いくつか提案をしましょう。一歩進んだ応対もしてみましょう。

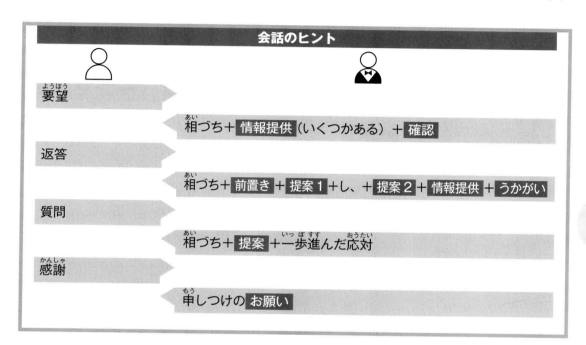

会話のヒント

要望

返答 ← 相づち＋ 情報提供 （いくつかある）＋ 確認

質問 ← 相づち＋ 前置き ＋ 提案１ ＋し、＋ 提案２ ＋ 情報提供 ＋ うかがい

感謝 ← 相づち＋ 提案 ＋一歩進んだ応対

申しつけの お願い

5. 「考えましょう」に戻って、もう一度考えましょう。

Can-do チェック！

☐ お客さまの要望に応えられなくても代案を立て、お客さまに理解してもらうことができる。
☐ お客さまのあいまいな要望に対して確認し、いくつか提案することができる。

空港のことば

Airport Vocabulary / 机场用语 / Từ ngữ sử dụng ở sân bay

搭乗手続き

グランドスタッフ*

パスポート

スーツケース

搭乗券

搭乗口

搭乗時刻*

飛行機（客室*）

座席

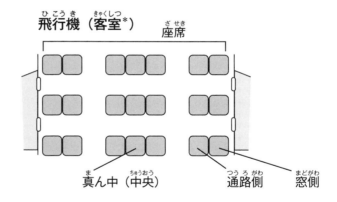

真ん中（中央）　　通路側　　窓側

空港施設*

インフォメーションカウンター

チェックインカウンター　　喫煙所

誠実な心
せいじつ　こころ

A Sincere Heart
真诚待客
Tấm lòng chân thành

Can-do

☐ お客さまの要望に応えられない時、誠実に断り、代案を立て応対することができる。
ようぼう　こた　　せいじつ　ことわ　だいあん　た　おうたい

☐ お客さまのクレームに対して誠実に謝り、迅速な応対ができる。
たい　せいじつ　あやま　じんそく　おうたい

要望に応えられない時
「あいにく M サイズは在庫がございません。」

When You Are Unable to Satisfy Customers' Requests "I'm afraid we don't have an M-size in stock."
无法达成客人的要求时 "对不起，M 号没货了。"
Khi không thể đáp ứng nguyện vọng "Thật đáng tiếc, cỡ M không còn nữa ạ."

お客さまのすべての要望に応えることはできません。もちろん、さまざまな可能性を探し、要望に応えるように努力しなければなりません。しかし、すでに応えることができないとわかっている場合、可能性があるという姿勢を見せないようにしましょう。対応できなかったときのお客さまの落胆が大きくなるからです。したがって、要望に応えられない時は、はっきりと早めにお客さまに伝えることが大切です。また、要望に応えられない理由もきちんと説明し、お客さまに理解してもらいましょう。

It is impossible to respond to all customer requests. That being said, you must still make efforts to look for various possibilities to meet their requests. Even if you know that you will not be able to meet their request, do your best to not give the appearance that it is possible. This could lead to greater disappointment in the event that you are unable to fulfill their request. Thus, when you are unable to satisfy a customer's request, it is important to tell them so clearly and as soon as possible. Also, be sure to explain exactly why you are unable to respond to their needs and seek their understanding.

我们不可能达成客人所有的要求。当然，要尝试各种可能来尽到最大努力。但是，无能为力时，不要给客人希望。因为希望越大失望越大。做不到的时候，最重要的是尽快清楚明白地告知客人。另外，要如实说明个中理由，以取得客人的理解。

Không thể nào đáp ứng mọi nguyện vọng của khách hàng. Đương nhiên, chúng ta phải nỗ lực tìm kiếm các khả năng khác nhau để đáp ứng nguyện vọng. Nhưng, trường hợp đã biết rằng không thể nào đáp ứng thì cố gắng không bày tỏ thái độ như là có khả năng. Vì khi không được đáp ứng sẽ làm cho sự thất vọng của khách hàng lớn hơn. Do đó, khi không thể đáp ứng nguyện vọng của khách hàng, quan trọng là nhanh chóng truyền đạt rõ ràng với khách. Ngoài ra, hãy giải thích cặn kẽ lý do không thể đáp ứng để khách hàng hiểu.

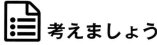 考えましょう

1. 事例を読んで、①と②について考えましょう。

事例【空港のチェックインカウンター。今は9時です】
あなたはグランドスタッフです。10時から搭乗手続きが始まるため、スタッフはカウンターで準備をしています。
要望：搭乗手続きが始まる前に食事をしたいです。荷物がたくさんあるのでカート*に全部のせています。レストランのフロアはカートを使うことができません。食事をしている間、カウンターでカートごと荷物を預かってほしいです。

①安全上*の問題で要望には応えられません。どのように対応しますか。
②要望に応えることはできませんが、ほかに何かできることがあると思いますか。

2. 次のような要望があった場合、あなたはその要望に応えることができますか。どのように対応しますか。

①あなたはホテルの清掃*スタッフです。
要望：今日は結婚記念日なので、ケーキを用意してほしい。

②あなたはレストランスタッフです。
要望：レストランに携帯電話を忘れてしまったので、宿泊しているホテルまで届けてほしい。

文化ノート

報告・連絡・相談*（報連相＝ホウレンソウ）

　日本で仕事をする時は、報告・連絡・相談は欠かせません。仕事を正確に*、効率的に*進めるため、そして問題が起こらないようにするために、ホウレンソウ（報連相）を行います。
　報告は、結果や今何をしているかを伝えることです。ミスやクレームなどの情報は、特に早く伝えなければなりません。連絡は、関係する人に必要な情報を伝え、共有することです。連絡は、口頭だけでなく、メールや電話、メモなど、状況に合わせて効果的な方法を選びましょう。相談は、判断に迷った*時など、上司や同僚に意見をもらうことです。何に困っているのか、どのような状況なのかをはっきり伝えましょう。ホウレンソウは、正確な情報を、わかりやすく、タイミングよく伝えることがポイントです。ホウレンソウを行うのは、上司や同僚が決してあなたを信頼していない*からではありません。日本ではチームで仕事をすることが多く、ホウレンソウをすると、スムーズにチームで仕事ができるので大切です。

💬 見てみましょう①

📹 19

【デパートでお客さまがスタッフに質問をしています】

お客さま：すみません。これの M サイズはありませんか。

スタッフ：(1) **かしこまりました。お調べいたしますので、少々お待ちください。**
［探（さが）した後（あと）］

スタッフ：(2) **お待たせいたしました。**(3) **あいにく** M サイズは在庫（ざいこ）＊が**ございません。申（もう）し訳（わけ）ございません。**(4) **こちらの色（いろ）ならございますが…。**

お客さま：そうね。

スタッフ：(5) **もしくは、こちらのデザインでしたら**ご用意（ようい）**できるんですが、いかがでしょうか。**［同じようなデザインの商品（しょうひん）を見せる］

お客さま：そうね。じゃあ、それ、お願いします。

スタッフ：かしこまりました。

💡 ここがポイント!

ポイント 1	**かしこまりました。お調べいたしますので、少々（しょうしょう）お待ちください。**
	承知　＋　理由　＋　お願い

お客さまの要望（ようぼう）に対（たい）して応対（おうたい）する時の「おもてなしのフレーズ」です（→第7課）。お願いをする前には、なぜお願いをするかはっきり伝えることを忘（わす）れないようにしましょう。
「お＋ V-ます＋いたしますので」や「ご＋ V-する＋いたしますので」は 理由 です。
　例）かしこまりました。ご案内（あんない）いたしますので、少々（しょうしょう）お待ちください。

ポイント 2	**お待たせいたしました。**
	行動報告

お客さまをしばらく待たせた後（あと）は、必（かなら）ずこの 行動報告 をするようにしましょう。

| ポイント 3 | あいにく M サイズは在庫がございません。申し訳ございません。
断りの　前置き ＋ 断り （N がございません）＋　謝罪 | |

お客さまの要望に応えられない時は誠実に、はっきりと断りましょう（→第7課）。断る時はあいまいに答えるのではなく、うそを言わず、はっきり断ることが、誠実な応対です。日本語の断り表現はあいまいに断ることが多いですが、接客場面では、はっきり断ってから謝ることが大切です。

　例）あいにく L サイズはございません。申し訳ございません。

| ポイント 4 | こちらの色ならございますが…。
代案 1 （お／ご N ＋ならございますが…） |

「N ならございますが…。」は、代案を言う言い方のひとつです。N が、和語であれば、「お」を前につけます。接客場面では習慣的に「色」に「お」をつけることもあります。代案を言うことで柔軟に応対することができ、おもてなしの気持ちが伝わります。

| ポイント 5 | もしくは、こちらのデザインでしたらご用意できるんですが、いかがでしょうか。
代案2の　前置き ＋ 代案2 （もしくは、N でしたら〜ですが）＋ うかがい | |

お客さまの要望に応えられない時に使う、断りの代案の表現です（→第7課）。「○○はできませんが、△△ならできます。いかがですか」のように、はっきりと断り、代案を立てるようにしましょう。2つ目の代案を伝える時は「もしくは」と　前置き しましょう。

基本練習

1. 【おもてなしのフレーズ】 次の時、何と言いますか。発音に気をつけて練習しましょう。
   ① 承知して、調べるので待ってもらうお願い
   ② 待たせたことの行動報告
   ③ 断りの前置きをして断り、謝罪
   ④ 代案2の前置き

2. 【誠実な応対：断りの 前置き ＋ 断り ＋ 謝罪 】 次の時、どうしますか。誠実に応対
   しましょう。

   例）A. このTシャツのLサイズがほしい → B. 在庫がない

   お客さま：A. このTシャツ、Lサイズがほしいんですけど…。

   スタッフ：かしこまりました。お調べいたしますので、少々お待ちください。
   ［待たせた後］大変お待たせいたしました。あいにくB. 在庫がございません。
   申し訳ございません。

   ① A. 会議室を借りたい　　　　　　　　　 → B. 空いている会議室がない
   ② A. Macのノートパソコンを借りたい　　 → B. 取り扱いがない
   ③ A. ルームサービスでハーブティーが飲みたい → B. 用意していない

3. 【柔軟な応対】上の2.で断った後、どんな代案を立てることができますか。
   ①
   ②
   ③

4. 「お」がつく言葉、「ご」がつく言葉、何もつかない言葉を分けましょう。

   名前　　住所　　電話番号　　予約　　席　　チケット　　パスポート　　部屋　　車
   電話　　本　　財布　　洋服　　切符　　パソコン　　ペン　　かばん　　連絡先

「お」がつく言葉	「ご」がつく言葉	何もつかない言葉

会話のヒントを見ながら、誠実な応対を練習しましょう。

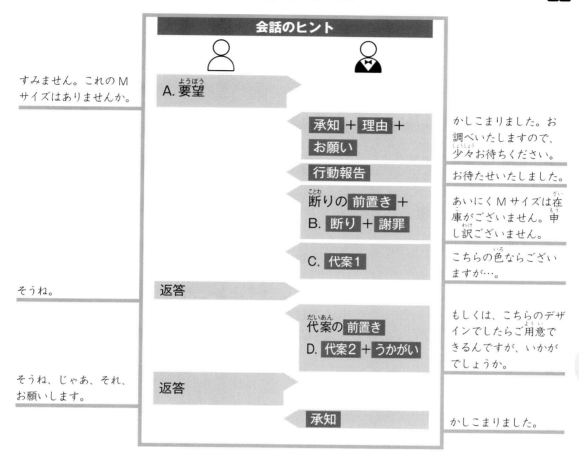

すみません。これのM
サイズはありませんか。

A. 要望

かしこまりました。お
調べいたしますので、
少々お待ちください。

承知 ＋ 理由 ＋
お願い

行動報告

お待たせいたしました。

断りの 前置き ＋
B. 断り ＋ 謝罪

あいにくMサイズは在
庫がございません。申
し訳ございません。

C. 代案1

こちらの色ならござい
ますが…。

返答

そうね。

代案の 前置き
D. 代案2 ＋うかがい

もしくは、こちらのデザ
インでしたらご用意で
きるんですが、いかが
でしょうか。

そうね、じゃあ、それ、
お願いします。

返答

承知

かしこまりました。

① 【白いMサイズのシャツを持っている】
    A. 青いのがほしい
    B. 青は在庫がない
    C. Lサイズがある
    D. 黒ならある

② 【ホテルのフロントで】
    A. 12時から14時まで会議室を借りたい
    B. その時間は空いている会議室はない
    C. 11時からなら空いている
    D. 14時からなら利用できる

③ 自由に考えて、話しましょう。

第8課 誠実な心

さまざまな謝罪
「ご迷惑をおかけし、大変申し訳ございませんでした。」

Various Forms of Apologies "I'm terribly sorry to have troubled you."
赔礼道歉的各种表达 "给您添麻烦了，十分抱歉。"
Các cách xin lỗi khác nhau "Chúng tôi thành thật xin lỗi vì đã làm phiền quý khách."

謝罪にはいろいろあります。特に、「すみません」という言葉が日常でよく使われます。この言葉には、謝罪だけでなく、感謝や依頼、また声かけをする時など、さまざまな意味があります。自分に責任がなくても、相手に不快な思いをさせたり、迷惑をかけてしまったと思った時には謝ります。接客場面でも、お客さまに対して謝罪することもあるでしょう。またお客さまが常に正しいとは限りません。しかし、そのような時でもお客さまに迷惑をかけてしまったことは事実ですので、そのことについては謝罪しなければなりません。そして、わざわざ意見を伝えに来てくださったことに感謝しなければなりません。

There are many types of apologies. The word すみません in particular is often used in daily life. This word has many meanings and is not only used when apologizing, but also when thanking someone, making a request and when calling for someone. It is used to apologize when someone has had something displeasurable or troublesome happen, even if it is not directly your fault. You will likely find yourself apologizing to a customer at some point when working in hospitality. However, the customer is not always right. Even in such times, you must still apologize for the fact that the customer has been inconvenienced. And you must also show appreciation for them taking the time to express their opinion to you.

道歉的表达方式有很多种。特别是"すみません"，在日常生活中经常使用。这句话有多种涵义，不仅能用于表达歉意，也可以用于感谢、委托和搭话。让对方感到不愉快，或者给对方添麻烦时，即使并非是自己的责任，也要道歉。接待客人时，当然也有需要道歉的时候。另外，客人也不一定总是对的。然而，给客人添了麻烦却已成事实，为此必须道歉。以及，客人特地来一趟，给我们提出了宝贵建议，对此一定要表示感谢。

Có nhiều cách xin lỗi. Đặc biệt, từ " すみません (Xin lỗi)" thường được dùng hằng ngày. Từ này không chỉ là xin lỗi mà còn có nhiều ý nghĩa khác nhau như cảm ơn, nhờ cậy, hay khi gọi ai đó v.v. Dù không phải trách nhiệm của bản thân đi nữa nhưng khi cảm thấy đã gây cảm giác khó chịu, làm phiền đối phương thì sẽ nói lời xin lỗi. Ở các tình huống tiếp khách cũng có khi phải xin lỗi khách hàng đúng không. Hơn thế nữa, không phải khách hàng lúc nào cũng đúng. Nhưng, ngay cả những lúc như vậy thì việc đã làm phiền khách vẫn là sự thật nên phải xin lỗi khách về việc đó. Và phải cảm ơn vì khách đã bỏ công để truyền đạt ý kiến cho chúng ta.

📋 考えましょう

お客さまからのお申し出*に、どのように対応すべきですか。①～③の対応について考えましょう。

事例【レストランで、お客さまから料理の中に髪の毛が入っていると申し出がありました】

① 「確認させてください。すぐにシェフ*に伝えます。」
② 「大変申し訳ございません。すぐに新しいものにお取り替えします。」
③ 「大変申し訳ございません。シェフに言っておきます。」

文化ノート

パーソナルスペース*

　パーソナルスペースとは、知らない人に近づかれ*て不快に感じる距離間*のことです。特にお客さまと接する時の距離間はとても難しいです。性別、年齢*、国、家族や友達などの人間関係によっても大きく違います。お客さまが不快に思わない距離をとるようにしましょう。また、距離だけでなく、位置関係*も大切です。お客さまに接する基本の位置は正面*ですが、お客さまが緊張しやすい位置でもあります。話が長くなる時などは、斜めの位置にくると、リラックスして*話をすることができます。また、真後ろ*の位置は不安*を与える位置ですので、後ろから話しかけたりしないようにしましょう。

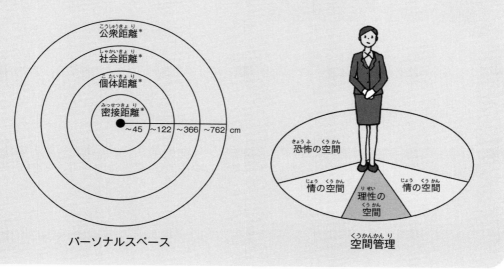

パーソナルスペース　　　　　空間管理

💬 見てみましょう②

📹 20

【空港でお客さまとスタッフが話しています】

お客さま：すみません、今預けた荷物を受け取っ
たんですけど、タイヤ*が1つ取れて
いて…。

スタッフ：(1) <u>大変申し訳ございません。</u>
(2) <u>こちらで修理をさせていただくか</u>、修理代を本日お支払いいたします。

お客さま：またすぐに出張があるのに本当に困るよ。

スタッフ：大変申し訳ございません。

お客さま：もうしょうがないなあ。じゃあ、修理でいいから早く手続きして。

スタッフ：(3) <u>かしこまりました。ご迷惑をおかけし、大変申し訳ございませんでした。</u>
<u>すぐにお手続きをいたしますので、おかけになってお待ちください。</u>

お客さま：うん。

スタッフ：大変お待たせいたしました。(4) <u>手続きが完了いたしました*。</u>(5) <u>この度は、</u>
<u>誠に申し訳ございませんでした。</u>［最敬礼］

💡 ここがポイント!

ポイント 1	大変申し訳ございません。
	謝罪

お客さまからクレームや苦情を受けた時は、まず謝ります。謝ってから詳しい事情を説明したり、お客さまの苦情を聞いたりしましょう。お客さまのクレームや苦情の謝罪の対応をする時は、1度だけではなく、繰り返し謝罪することでお客さまの不快な思いを理解していると伝えましょう。

ポイント 2	こちらで修理をさせていただくか、修理代を本日お支払いいたします。
	提案1（N＋をさせていただくか）＋　　提案2

お客さまからクレームが入った場合、まず謝り、その後どのような応対をすることができるのか伝えます。この時、提案をいくつか用意してお客さまにどの方法がよいかを選んでもらうようにします。

例）こちらで新しいものを準備させていただくか、代金をお支払いいたします。

ポイント 3-1 かしこまりました。ご迷惑をおかけし、大変申し訳ございませんでした。
承知　＋　理由　＋　謝罪

解決*の方法が決まった時には、「かしこまりました」と 承知 を伝え、もう一度謝ります。
謝罪 の前には何に対して謝っているのか理由を伝えることが大切です。ここでは、お客さまに迷惑をかけたことについて謝っています。

ポイント 3-2 すぐにお手続きをいたしますので、おかけになってお待ちください。
理由　＋　お願い

ここでは、お客さまの「修理でいいから早く手続きして。」について、「承知 ＋謝罪の 理由 ＋ 謝罪 →お願いの 理由 ＋ お願い 」の順で応対しています。ここでの 理由 は待ってもらうための 理由 として「すぐにお手続きをいたしますので」と言っています。その上でお客さまに座って待ってもらいたいという お願い をしています。

ポイント 4 手続きが完了いたしました。
行動報告

手続きや準備などの行動が終わったことを、お客さまに報告することが大切です。報告をすることで、お客さまが今、どのような状態にあるのか理解することができるため、安心します。その安心感*を与えることが「おもてなし」なのです。
例）準備が整いました。

ポイント 5 この度は、誠に申し訳ございませんでした。［最敬礼］
深い 謝罪

お客さまに納得していただき、手続きが完了したら、最後にもう一度謝ります。「誠に」を言うことで、深い 謝罪 を伝えます。そして、最敬礼をします。クレーム応対で謝罪する時には「まず謝罪」→「もう一度謝罪」→「深い謝罪」が必要です。何度も謝罪することで、お客さまをリラックスさせることができます。お客さまの主張に寄りそうことが大切です。日本は争う*ことを嫌う*文化だと言われています。繰り返し謝ることが誠実な応対です。

基本練習

1. 【おもてなしのフレーズ】 次の時、何と言いますか。発音に気をつけて練習しましょう。

① クレームに対する謝罪
② 要望について承知し、理由を述べて謝罪
③ すぐに手続きすると伝え、座って待ってほしいとお願いする時
④ 手続きが完了した後の行動報告
⑤ 最後にもう一度、深い謝罪を言う時

2. 【謝罪】 お客さまに理由を言ってからもう一度謝りましょう。

① 迷惑をかけた時
② 不快な思いをさせてしまった時
③ せっかくの時間を台無しにしてしまった時

3. 【提案1＋提案2】 練習しましょう。

例）こちらで修理をする／修理代を今日払う
　→こちらで修理をさせていただくか、修理代を本日お支払いいたします。

① こちらで新しいものを作る／代金を本日支払う
② こちらで代金を払う／本日修理をする
③ 部屋の掃除をする／新しい部屋を準備する

4. 【承知＋謝罪の理由＋謝罪→お願いの理由＋お願い】 迅速に応対しましょう。

例）修理／手続きをする
　→お客さま：しょうがないなあ。じゃあ、修理でいいから早く手続きをして。
　　スタッフ：かしこまりました。ご迷惑をおかけし、大変申し訳ございません。
　　　　　　　すぐにお手続きをいたしますので、少々お待ちください。

① しみ抜き／しみ抜きをする
② 部屋の変更／変更をする
③ 自由に考えて、話しましょう。

144

会話のヒントを見ながら、丁寧に誠実に応対しましょう。

会話のヒント

すみません、今預けた荷物を受け取ったんですけど、タイヤが1つ取れていて…。

A. クレーム

まず、謝罪 ＋ B. 提案

大変申し訳ございません。こちらで修理をさせていただくか、修理代を本日お支払いいたします。

またすぐに出張があるのに本当に困るよ。

苦情

もう一度、謝罪

大変申し訳ございません。

もうしょうがないなあ。じゃあ、修理でいいから早く手続きして。

納得 ＋ C.お願い

承知 ＋ 謝罪の理由 ＋ 謝罪 ＋ D.お願いの理由 ＋ お願い

かしこまりました。ご迷惑をおかけし、大変申し訳ございませんでした。すぐにお手続きをいたしますので、おかけになってお待ちください。

うん。

返答

行動報告 ＋ E. 行動報告 ＋ 最後に深い 謝罪 [最敬礼]

大変お待たせいたしました。手続きが完了いたしました。この度は、誠に申し訳ございませんでした。

① 空港で
A. 預けたスーツケースが壊れていた
B. 修理をする／修理代を今日支払う
C.・D. 修理の手続き
E. 手続きが完了

② ホテルで
A. 部屋に行ってみたら汚かった
B. 部屋を掃除する／新しい部屋を準備する
C.・D. 部屋の掃除
E. お部屋の掃除が完了

③ 自由に考えて、話しましょう。

まとめ問題

1. 正しいペアを線で結び、「おもてなしのフレーズチェックリスト」（→ pp.168 ～ 169）で確認しましょう。

　①手続きが完了した後　　　　・　　　　・おかけになってお待ちください

　②迷惑をかけた理由と謝罪　・　　　　・この度は、誠に申し訳ございませんでした

　③座って待ってほしい時　　　・　　　　・手続きが完了いたしました

　④最後の深い謝罪　　　　　　・　　　　・ご迷惑をおかけし、申し訳ございませんでした

2. 次の時、どのようにお客さまに誠実に応対しますか。

　① くつを探しているお客さまに「もっと大きいサイズないの？」と聞かれたが、在庫がなかった時

　② 雑誌で紹介されている人気の帽子を探しているお客さまから「この帽子ないの？」と聞かれたが、取り扱っていなかった時

　③ エビアレルギーのお客さまから「この料理にエビ入ってるよ。」と言われ、料理にエビが入っていた時

　④ 商品を買って持って帰ったら、使う前に壊れていたとクレームがあった時

3. 上の 2. の①～④についてお客さまとスタッフになってペアで話してみましょう。その時、スタッフは表情やおじぎなどに気をつけながら話しましょう。　　　　　👥👤

4. 会話のヒントを見ながら、2人で話しましょう。ペアワークの様子を録画してポートフォリオも作りましょう。

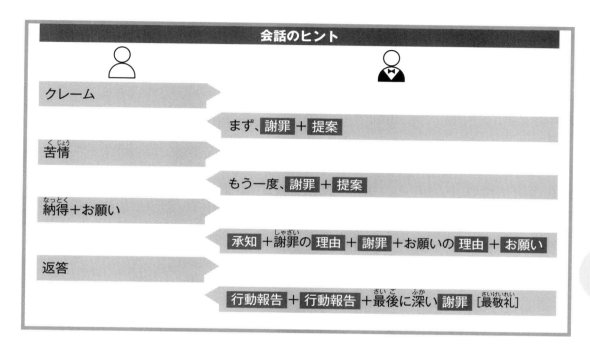

　: あなたは、デパートでワイングラスを買いました。家で開けたら、割れていました。デパートにクレームを言いましょう。

　: あなたは、デパートのスタッフです。使う前にワイングラスが割れていたとクレームがあった時、どのように誠実に応対しますか。

会話のヒント

クレーム

まず、謝罪 ＋ 提案

苦情

もう一度、謝罪 ＋ 提案

納得＋お願い

承知 ＋謝罪の 理由 ＋ 謝罪 ＋お願いの 理由 ＋ お願い

返答

行動報告 ＋ 行動報告 ＋最後に深い 謝罪 ［最敬礼］

5. 「考えましょう」に戻って、もう一度考えましょう。

Can-do チェック！

☐ お客さまの要望に応えられない時、誠実に断り、代案を立て応対することができる。
☐ お客さまのクレームに対して誠実に謝り、迅速な応対ができる。

席次

Seating Order / 座次 / Bố trí chỗ ngồi

1. 基本の席次

出入り口に近い席が下座*、遠い席が上座
景色や絵画、掛け軸がある場合、それが見える側が上座

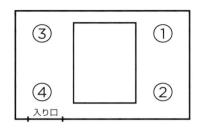

2. 応接室*

いすやソファーによっても優先順位*があります。

①ソファー

②１人用のひじかけ*いす

③背もたれ*だけあるいす

④背もたれのないいす

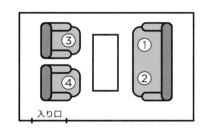

3. 会議室
列の中央が上座

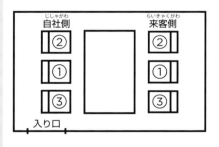

4. エレベーター
操作ボタンの前は下座

5. 車
運転手*がいる場合（タクシーなど）

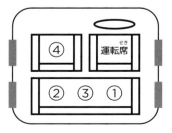

運転手が同行者*の場合

ふろく

Appendix / 附录 / Phụ lục

タスク絵<ruby>絵<rt>え</rt></ruby>カード

Task Picture Card / 任务图卡 / Thẻ tranh bài tập

①

OMOTENASHI AIR

FROM	TOKYO	OM884	OM884
TO	NEWYORK		
GATE	61	19:25	
SEAT NO.	35A		

②

お<ruby>食<rt>しょく</rt></ruby><ruby>事<rt>じ</rt></ruby><ruby>券<rt>けん</rt></ruby>
6:30AM〜9:30AM
2階ダイニングルーム「クリスタル」
おもてなしホテル

③

6 階	レストラン	👩🚹
5 階	インテリア・<ruby>文具<rt>ぶんぐ</rt></ruby>・ブック・カフェ	👩🚹
4 階	キッズファッション	👩🚹
3 階	レディースファッション	👩🚹
2 階	メンズファッション	👩🚹
1 階	おみやげ・コスメ	👩🚹
<ruby>地下<rt>ちか</rt></ruby>1階	スーパー・<ruby>食品<rt>しょくひん</rt></ruby>・<ruby>駐車場<rt>ちゅうしゃじょう</rt></ruby>	👩🚹

Translation of <Let's Take a Look> / < 看一看 > 翻译 / Dịch <Hãy xem thử>

p.24　第1課　①

【Some customers have entered a restaurant】

Staff member: [smiling] Welcome. [smiling] How many people are in your party?

Customer:　　Four people.

Staff member: Four people. Our four-person seats are currently full, so please write your name here and wait for a moment.

Customer:　　Okay.

　　　　　　　[the table is ready]

Staff member: Sorry to keep you waiting. Mr. Tanaka, party of four? This way, please.

　　　　　　　[the customers are seated, the server hands them their menus]

　　　　　　　This is our menu. Please let me know when you are ready to order.

【餐厅，客人来店】

服务员：[微笑] 欢迎光临 [微笑]，请问您几位?

客　人：4 个人。

服务员：4 位。现在 4 个人的座位已经坐满了，请您在这里写一下名字，稍等一下。

客　人：好的。

　　　　[桌子收拾好了]

服务员：让您久等了。田中先生 / 女士，4 位，我来带您入座。

　　　　[入座，把菜单给客人]

　　　　这是菜单。您要是看好了就叫我。

【Khách hàng đến nhà hàng】

Nhân viên: (Tươi cười) Xin chào quý khách. (Tươi cười) Quý khách đi mấy người ạ?

Khách:　　4 người.

Nhân viên: 4 người ạ. Hiện nay bàn 4 người đã hết, xin vui lòng viết tên vào đây và chờ một chút ạ.

Khách:　　Vâng.

　　　　　[Đã chuẩn bị được bàn]

Nhân viên: Xin lỗi đã để quý khách chờ ạ. Chúng tôi xin phép hướng dẫn nhóm 4 người quý khách Tanaka đang chờ ạ.

　　　　　[Đến chỗ ngồi, trao thực đơn]

　　　　　Đây là thực đơn ạ. Khi nào quý khách quyết định thì vui lòng gọi chúng tôi ạ.

【Conversation 1: A staff member encounters a customer in the hotel lobby】
Staff member:　[stops a moment] Good morning. [bows slightly]
Customer:　　　Good morning.

【Conversation 2: After buying something at a brand name store】
Staff member:　Thank you very much. [bows slightly] I'll carry it for you to the door.
Customer:　　　Thank you.
　　　　　　　　[the store clerk sees the customer off at the door]
Staff member:　Thank you very much. We hope to see you again. [bows]
Customer:　　　Thank you.

【Conversation 3: A customer has called over a staff member at a restaurant】
Customer:　　　Excuse me, there's a hair in this.
Staff member:　[looks troubled] I'm terribly sorry. [bows]
　　　　　　　　I'll bring a new one right away.
　　　　　　　　We'll make sure that nothing like this ever happens again. I'm very sorry. [bows deeply]

【对话１：在酒店大厅遇到客人】
服务员：[停下脚步，站定] 早上好。[微微致意]
客　人：早。

【对话２：客人在专柜付款后】
服务员：谢谢您的光临。[微微致意] 我来帮您拿吧，我送您到门口。
客　人：谢谢。
　　　　[在门口送别客人]
服务员：谢谢惠顾。欢迎下次光临。[鞠躬]
客　人：谢谢。

【对话３：在餐厅被客人叫过去】
客　人：不好意思，这里面有头发。
服务员：啊……。「无措的表情」实在是抱歉。[鞠躬]
　　　　马上给您重新做一份。
　　　　以后我们一定注意，不会再出现这样的事情。今天万分抱歉。[深深鞠躬]

【Hội thoại 1: Đi ngược chiều với khách ở sảnh khách sạn】
Nhân viên: [Dừng lại một chút] Xin chào quý khách. [Cúi chào nhẹ 15 độ]
Khách:　　　Chào.

【Hội thoại 2: Sau khi tính tiền ở cửa hàng đồ hiệu】
Nhân viên: Cảm ơn quý khách. [Cúi chào nhẹ 15 độ] Tôi sẽ cầm ra cửa ạ.
Khách:　　　Cảm ơn.
　　　　　　 [Tiễn khách ở cửa]
Nhân viên: Cảm ơn quý khách. Rất mong quý khách lại đến. [Cúi chào 30 độ]
Khách:　　　Cảm ơn.

【Hội thoại 3: Bị khách hàng gọi ở nhà hàng】
Khách:　　　Xin lỗi, có cọng tóc trong này...
Nhân viên: [Vẻ mặt bối rối] Tôi thành thật xin lỗi. [Cúi chào 30 độ]
　　　　　　 Chúng tôi sẽ chuẩn bị suất mới ngay ạ.
　　　　　　 Từ nay chúng tôi sẽ cố gắng để không xảy ra việc như thế này nữa. Chúng tôi thành thật xin lỗi quý khách. [Cúi sâu 45 độ]

【Conversation 1: A staff member and a customer are talking in the lobby of a Japanese-style inn】

Staff member: Hello. [smiling] My name is Tanaka, and I'll be in charge of your room, Ms. Kobayashi. I look forward to assisting you.

Customer: Oh, I'm Kobayashi. Thank you for your help.

Staff member: Please let me know anytime if there is anything you do not understand.
You can also reach me anytime by calling the front desk.

Customer: Okay.

【Conversation 2: A customer has come to the reception desk】

Staff member: Welcome.

Customer: I have a reservation under the name Yamanaka.

Staff member: Please wait one moment.
[the staff member makes an internal call]
We will be with you in a moment, so please wait over there.

【对话 1：在旅馆大厅和客人交谈】

服务员：您好。［微笑］我是负责小林先生 / 女士房间的田中。请多多关照。

客　人：啊，我是小林。麻烦你了。

服务员：有什么不清楚的，请随时告诉我。
　　　　或者，您可以打前台的电话，我会马上过来。

客　人：好的。

【对话 2：公司前台客人到访】

前台接待：欢迎光临。

客　　人：我和山中先生 / 女士有约。我叫林。

前台接待：请稍等。
　　　　　［打内线电话］
　　　　　（山中）马上就来，请您在这边稍等一下。

【Hội thoại 1: Nói chuyện với khách hàng tại sảnh lữ quán】

Nhân viên: Xin chào quý khách. [Tươi cười] Tôi là Tanaka, phụ trách phòng của ông / bà Kobayashi. Rất mong quý khách chiếu cố.

Khách: À, tôi là Kobayashi. Nhờ cô giúp cho.

Nhân viên: Nếu có điều gì không rõ, quý khách có thể gọi bất kỳ lúc nào ạ.
Hoặc, chỉ cần gọi điện thoại cho lễ tân, tôi sẽ đến ngay ạ.

Khách: Tôi hiểu rồi.

【Hội thoại 2: Khách đến quầy lễ tân của công ty】

Nhân viên: Kính chào quý khách.

Khách: Tôi là Hayashi, có hẹn với anh Yamanaka ...

Nhân viên: Xin vui lòng chờ trong giây lát ạ.
[Gọi điện thoại nội bộ]
Anh ấy sẽ đến ngay ạ, xin anh/ chị vui lòng chờ ở đằng kia ạ.

【Talking to a customer at a check-in counter at the airport】

Staff member: [smiling] Good morning. [bowing while smiling] Please show me your passport.

Customer: Okay. [shows passport]

Staff member: Thank you. Ms. Tanaka, will you be checking any luggage?

Customer: No.

Staff member: Okay. Your seat is 35 A, a window seat. Here is your passport.
[shows the customer her boarding pass] This is your boarding pass. Your boarding gate is 61 [folds one hand over the other], and boarding begins at 9:25.
[staff member hands the customer her boarding pass] Thank you very much. [smiles] Have a good trip. [bows while smiling]

【在机场的值机柜台和客人交谈】

地勤人员：[微笑] 早上好。[面带微笑鞠躬] 请出示您的护照。

旅　　客：好的。[递护照]

地勤人员：谢谢。田中先生／女士，有需要托运的行李吗？

旅　　客：没有。

地勤人员：好的。您选的位子是靠窗的35A。请拿好您的护照。
[一边给客人看登机牌一边说明] 这是登机牌。61号登机口 [双手]，9点25分开始登机。
[把登机牌给客人] 谢谢。[微笑] 祝您旅途愉快。[面带微笑鞠躬]

【Nói chuyện với khách tại quầy làm thủ tục check-in ở sân bay】

Nhân viên: [Tươi cười] Xin chào quý khách. [Tươi cười cúi chào] Quý khách vui lòng cho xem hộ chiếu.

Khách: Vâng. [Đưa hộ chiếu]

Nhân viên: Cảm ơn quý khách. Ông Tanaka, ông có hành lý ký gửi không ạ?

Khách: Không có.

Nhân viên: Tôi hiểu rồi ạ. Chỗ ngồi của quý khách đã được đặt phía cửa sổ, số 35A. Tôi xin gửi lại hộ chiếu ạ.
[Vừa cho khách xem vé lên máy bay] Đây là vé lên máy bay ạ. Cửa lên máy bay là số 61 [Chỉ tay vào], giờ bắt đầu lên máy bay là 9 giờ 25 phút.
[Trao vé lên máy bay cho khách] Xin cảm ơn quý khách. [Tươi cười] Chúc quý khách thượng lộ bình an. [Tươi cười và cúi chào]

【Conversation 1: A staff member and a customer are talking at a department store】

Staff member:　Welcome.

Customer:　　Excuse me, where is your bathroom?

Staff member:　[points in the direction] (The bathroom is) Right over there.

【Conversation 2: A staff member and a customer are talking at a hotel】

Customer:　　Umm, does this hotel have a pool.

Staff member:　Yes, we do. The pool is on B1 of the main building. Please use this elevator. Once you get off the elevator, keep going straight. The pool entrance is on the left side.

Customer:　　Ah, I see.

【对话 1：商场里客人和服务员在交谈】

服务员：欢迎光临。

客　人：请问一下，洗手间在哪儿?

服务员：[指着洗手间的方向说]（洗手间）在那边。

客　人：好的，知道了。谢谢。

【对话 2：酒店里客人和服务员在交谈】

客　人：请问，这个酒店里有游泳池吗?

服务员：有。游泳池在本馆的地下 1 层。您可以坐这边的直达电梯，从电梯出来后直走，游泳池的入口在左边。

客　人：嗯，明白了。

【Hội thoại 1: Khách hàng và nhân viên nói chuyện tại cửa hàng bách hóa】

Nhân viên:　Kính chào quý khách.

Khách:　　Xin lỗi, cho tôi hỏi nhà vệ sinh ở đâu?

Nhân viên:　[Vừa chỉ hướng] (Nhà vệ sinh) ở đằng kia ạ.

Khách:　　Tôi hiểu rồi. Cảm ơn.

【Hội thoại 2: Khách hàng và nhân viên nói chuyện tại khách sạn】

Khách:　　Xin lỗi, khách sạn này có hồ bơi không?

Nhân viên:　Dạ có ạ. Hồ bơi ở tầng hầm 1 của tòa nhà chính. Quý khách hãy sử dụng thang máy ở đây. Ra khỏi thang máy, quý khách cứ đi thẳng. Lối vào hồ bơi ở phía bên trái ạ.

Khách:　　À, tôi hiểu rồi.

【After check-in at a hotel, a bell hop shows a customer to their room】
Staff member:　Well then, I'll show you to your room.
Customer:　　　Okay, thank you.
Staff member:　This way, please. [leads the way]
　　　　　　　[they get on the elevator] Your room is on the tenth floor.
　　　　　　　[they get off the elevator] [points in the direction] Right this way.
　　　　　　　This is your room. Please go ahead.
Customer:　　　Thank you.
Staff member:　Please relax and enjoy your stay.　[bows] I'll be leaving now. [bows]

【酒店的入住手续办完后，服务员（行李员）领客人到房间】
服务员：那现在由我带您到房间。
客　人：好的，麻烦你了。
服务员：这边请。[引导客人]
　　　　[乘坐电梯] 您的房间在 10 楼。
　　　　[走出电梯][一边指着方向一边说] 在这边。
　　　　[步行一会儿至房间门前] 这是您的房间。
　　　　请进。
客　人：谢谢。
服务员：不客气，您好好休息。那我先走了。

【Kết thúc thủ tục nhận phòng khách sạn, nhân viên phụ trách hành lý hướng dẫn đến tận phòng】
Nhân viên:　Bây giờ tôi xin phép hướng dẫn quý khách đến phòng ạ.
Khách:　　　Vâng, anh/ chị giúp cho.
Nhân viên:　Quý khách đi lối này ạ. [Hướng dẫn]
　　　　　　[Vào thang máy] Phòng của quý khách ở tầng 10 ạ.
　　　　　　[Ra khỏi thang máy] [Vừa chỉ hướng] Ở đây ạ.
　　　　　　Đây là phòng của quý khách. Xin mời.
Khách:　　　Cảm ơn.
Nhân viên:　Quý khách nghỉ ngơi thong thả ạ. [cúi chào] Bây giờ tôi xin phép cáo lui. [cúi chào]

【A customer is talking to the concierge at a hotel】

Customer:　　　Excuse me.

Staff member: Yes.

Customer:　　　I'm going for a walk and would like to have lunch while I'm out. Is there anywhere to eat?

Staff member: Which way will you be going? Toward the park?

Customer:　　　Yes. That Sakura Park over there.

Staff member: Understood. What kind of food would you like?

Customer:　　　I'd like some Japanese food.

Staff member: If you're heading to the park, then there is a set meal restaurant and a soba restaurant.

Customer:　　　Really. Do they take cards?

Staff member: The set meal restaurant does.

Customer:　　　Then, I'll go there. Thanks.

Staff member: Enjoy your walk.

【客人和酒店的前台接待在说话】

客　人：不好意思，请问……

服务员：您请说。

客　人：我想去散步，顺便去吃午饭，哪里有（吃饭的地方）？

服务员：您打算去哪边？公园的方向吗？

客　人：是啊。那边的樱花公园。

服务员：我知道了。您想吃什么？

客　人：日料吧。

服务员：公园方向的话，有日式快餐店和荞麦面店。

客　人：这样啊。能刷卡吗？

服务员：日式快餐店的话，可以刷卡。

客　人：那我去看看。谢谢。

服务员：您慢走。

【Khách hàng nói chuyện với nhân viên chăm sóc khách hàng của khách sạn】

Khách:　　　Xin lỗi.

Nhân viên: Vâng.

Khách:　　　Tôi muốn đi dạo, sẵn tiện ăn trưa luôn, có chỗ nào được không?

Nhân viên: Quý khách đi hướng nào ạ? Có phải hướng công viên không ạ?

Khách:　　　Vâng. Công viên sakura đằng đó.

Nhân viên: Tôi hiểu rồi. Quý khách muốn dùng bữa thế nào ạ?

Khách:　　　Có món Nhật thì tốt.

Nhân viên: Nếu phía công viên thì có tiệm cơm phần và tiệm mì soba ạ.

Khách:　　　Vậy à? Dùng thẻ được không nhỉ?

Nhân viên: Quý khách có thể thanh toán bằng thẻ nếu là tiệm cơm phần ạ.

Khách:　　　Vậy để tôi đi thử đến đó. Cảm ơn.

Nhân viên: Quý khách đi vui vẻ ạ.

【A customer and a staff member are talking at a hotel】
Customer:　　　Excuse me. Is there someplace I can get Indian food?
Staff member: Will you be going on foot?
Customer:　　　Yes.
Staff member: There's one place that's a 10-minute walk from here.
Customer:　　　Then maybe I'll go there.
Staff member: If you'd like, I can check to see if they have any open tables.
Customer:　　　Then yes, please.
Staff member: Okay.
　　　　　　　　One moment, please. [makes a call] There are currently plenty of open tables.
Customer:　　　Okay. Thank you.

【酒店里客人和服务员在说话】
客　人：请问，有吃印度料理的地方吗？
服务员：您打算步行去吗？
客　人：是的。
服务员：有是有，但是从这儿要走10分钟……
客　人：那我去看看吧。
服务员：如果您需要的话，我来帮您确认一下有没有位子吧。
客　人：那麻烦你了。
服务员：好的。请您稍等。[打电话] 现在去的话，还有很多空位。
客　人：好的，我知道了，谢谢。

【Khách hàng và nhân viên nói chuyện tại khách sạn】
Khách:　　　Xin lỗi, có nơi nào bán món Ấn Độ không nhỉ?
Nhân viên: Quý khách đi bộ hay sao ạ?
Khách:　　　Vâng.
Nhân viên: Đi bộ từ đây khoảng 10 phút thì có ạ…
Khách:　　　Vậy, để tôi đi thử.
Nhân viên: Nếu được, để tôi xác nhận xem có bàn trống không đã nhé.
Khách:　　　Vậy nhờ anh / cô
Nhân viên: Tôi hiểu rồi ạ. Xin quý khách vui lòng chờ tôi một lát. [Gọi điện thoại] Hiện nay thì còn nhiều bàn trống đấy ạ.
Khách:　　　Tôi hiểu rồi. Cảm ơn.

【A customer and a staff member are talking at a restaurant】

Staff member: Welcome. [bows]

Customer:　　Excuse me. My name is Yamamoto, and I made a reservation for 12:00.

Staff member: We've been waiting for you Ms. Yamamoto.

Customer:　　Excuse me. I made the reservation for three people but would it be okay to add one more person?

Staff member: Okay. We'll get your table ready right away, so could you please wait one moment?

Customer:　　Sure, okay. Also, could we get a table by the window?

Staff member: Okay. We'll get it ready now, so please wait one moment.

　　　　　　 [the table is ready]

　　　　　　 Sorry to have kept you waiting. I'll show you to your table. Right this way.

【餐厅里客人和服务员在说话】

服务员：欢迎光临。[鞠躬]

客　人：不好意思，我是预约了 12 点的山本。

服务员：山本先生 / 女士吧。恭候多时了。

客　人：不好意思。预约的是 3 个人，可以再加一个人吗？

服务员：好的。我马上给您安排位子，能请您再稍等一下吗？

客　人：好，没问题。另外，如果可以的话，最好是靠窗的位子……

服务员：好的，我明白了。现在给您准备，请稍等。

　　　　[准备好了]

　　　　让您久等了。我带您过去。这边请。

【Khách hàng và nhân viên nói chuyện tại nhà hàng】

Nhân viên: Kính chào quý khách.[cúi đầu chào]

Khách:　　 Xin lỗi, tôi là Yamamoto đặt chỗ vào 12 giờ.

Nhân viên: Ông / Bà Yamamoto, chúng tôi hân hạnh phục vụ ông / bà.

Khách:　　 Xin lỗi, tôi đặt 3 người nhưng thêm 1 người nữa được không?

Nhân viên: Tôi hiểu rồi. Tôi sẽ chuẩn bị chỗ ngồi ngay, xin ông / bà vui lòng chờ trong giây lát được không ạ?

Khách:　　 Vâng. Với lại, nếu được tôi muốn phía cửa sổ nhưng ...

Nhân viên: Vâng, tôi hiểu rồi ạ. Tôi sẽ chuẩn bị bây giờ, xin vui lòng chờ một chút ạ.

　　　　　 [Chuẩn bị xong]

　　　　　 Xin lỗi vì đã để quý khách chờ. Tôi xin phép hướng dẫn đến bàn ạ. Mời quý khách đi lối này.

【A call comes to the front desk at a hotel from a customer who has forgotten something】
Staff member:　Thank you for calling. This is Omotenashi Hotel.
Customer:　　　Excuse me, I just checked out but I forgot my camera in my room.
Staff member:　Okay, I'll look into it right away. I'm sorry, but could I have your name and phone number?
Customer:　　　Kasumi Sakai. My number is 035-0687-5342.
Staff member:　Ms. Sakai. And your number is 035-0687-5342. Okay. We'll look into it and contact you as soon as we can.

【忘东西的客人打电话到酒店前台】
服务员：谢谢您的来电。这里是 Omotenashi 酒店。
客　人：不好意思，刚才我办了退房手续，不过好像把相机忘在房间里了…。
服务员：那马上帮您确认一下。不好意思，请您说一下姓名和电话号码。
客　人：我叫 Sakai　Kasumi。电话号码是 035-0687-5342。
服务员：Sakai 先生／女士，电话号码 035-0687-5342，对吧。好的，那马上帮您确认，然后给您回电话。

【Lễ tân khách sạn có điện thoại từ người khách bỏ quên đồ】
Nhân viên:　Xin cảm ơn, đây là khách sạn Omotenashi.
Khách:　　　Xin lỗi, lúc nãy tôi vừa trả phòng nhưng hình như để quên máy ảnh trong phòng rồi …
Nhân viên:　Dạ, vậy để tôi kiểm tra ngay ạ. Quý khách vui lòng cho biết tên và số điện thoại ạ.
Khách:　　　Sakai Kasumi. Số điện thoại 035-0687-5342.
Nhân viên:　Cô Sakai ạ. Số điện thoại là 035-0687-5342 đúng không ạ. Tôi hiểu rồi. Bây giờ tôi sẽ kiểm tra ngay và sẽ gọi điện lại ạ.

【A customer and a staff member are talking in the lobby of a hotel】

Staff member: Ms. Tanaka, how was your meal?

Customer:　　Well, it was...

Staff member: Was something wrong?

Customer:　　The food was okay, but the people sitting next to me were really loud, and the service was terrible.

Staff member: Is that so? I'm very sorry about that. If you don't mind, could you tell me more?

Customer:　　The staff had bad attitudes and they took forever to come when I called them.

Staff member: I see. I'm sorry to hear about that. Thank you for your valuable opinion.

【在酒店大厅和客人说话】

服务员：田中先生 / 女士，用餐体验怎么样？

客　　人：用餐体验啊，有点儿…。

服务员：怎么了？

客　　人：味道还不错，但是旁边的客人太吵了，服务员的服务也很差。

服务员：这样啊。实在太抱歉了。如果可以的话，您能告诉我详细情况吗？

客　　人：服务员态度很差，叫了也不怎么来。

服务员：原来是这样。真的很抱歉。谢谢您的宝贵意见。

【Nói chuyện với khách tại sảnh khách sạn】

Nhân viên: Ông / Bà Tanaka. Bữa ăn thế nào ạ?

Khách:　　À, chuyện đó thì có hơi ...

Nhân viên: Đã có chuyện gì ạ?

Khách:　　Vị thì ngon đấy nhưng người khách bên cạnh ồn ào quá, nhân viên phục vụ cũng kém.

Nhân viên: Vậy ạ? Tôi thành thật xin lỗi. Nếu được, tôi xin phép hỏi kỹ hơn được không ạ?

Khách:　　Thái độ nhân viên kém lắm, đã vậy tôi gọi mãi cũng chẳng đến.

Nhân viên: Vậy ạ? Tôi thành thật xin lỗi quý khách. Cảm ơn quý khách đã đóng góp ý kiến quý báu cho chúng tôi.

【A staff member has spilled wine on a customer. The customer is upset.】
Staff member:　We are very sorry to have inconvenienced you today due to our carelessness. [bows deeply]
Customer:　　　You should be. Just when I was having a good time (eating and drinking great wine).
Staff member:　I'm very sorry.
Customer:　　　My clothes are ruined. What am I going to do when I go home?
Staff member:　I'm truly sorry. I'll get the stain out of your clothes right away.
Customer:　　　How are you going to do that now? I'm still eating, and I came all the way here just for our anniversary today.
Staff member:　Is that so? I'm very sorry.

【把红酒泼在了客人的衣服上。客人很生气】
服务员：今天因为我的不小心，给您添麻烦了，真的十分抱歉。[鞠躬]
客　人：就是啊。难得今天（享受了美酒和美食）这么开心。
服务员：实在抱歉。
客　人：何况衣服也脏了，回去的时候怎么办。
服务员：真的非常抱歉。我马上帮您用毛巾处理一下。
客　人：现在用毛巾擦有什么用。饭吃了一半，而且因为今天是纪念日，特地来吃饭的。
服务员：啊……真的万分抱歉。[深深鞠躬]

【Lỡ làm đổ rượu vang lên áo của khách hàng. Người khách đang tức giận】
Nhân viên：Hôm nay, vì bất cẩn mà tôi đã làm phiền quý khách, tôi thành thật xin lỗi. [Cúi chào 30 độ]
Khách:　　　Đúng đó. Đúng lúc (vừa thưởng thức rượu vang vừa dùng bữa) đang vui vẻ thì
Nhân viên：Tôi thành thật xin lỗi.
Khách:　　　Chưa kể, áo thì bẩn hết cả, lúc về không biết làm sao (đây).
Nhân viên：Tôi vô cùng xin lỗi. Tôi sẽ tẩy ố áo của quý khách ngay ạ.
Khách:　　　Tẩy vết bẩn vậy bây giờ tôi sẽ như thế nào đây? Đang bữa ăn, chưa kể hôm nay ngày kỷ niệm của tôi, tôi đã cố tình đến đây dùng bữa đó, có biết không?
Nhân viên：Vậy ạ? Tôi thành thật xin lỗi. [Cúi chào sâu 45 độ]

【A customer makes a request during check-in】

Customer: Excuse me, I'd like to change my room to a double.

Staff member: I'll check. One moment, please.

[after checking] I'm sorry, but all of our double rooms are taken. We have a slightly larger single available, but it is currently being cleaned, so there will be a 20-minute wait. But we can offer you a semi-double room now. What would you prefer?

Customer: In that case, I'll take the semi-double room.

Staff member: Okay. Then, we'll show you to your room as soon as it's ready, so please have a seat on the sofa in the back. Drinks are available over there. Please help yourself.

【客人来办理入住手续】

客　人：不好意思，房间能换成双人房吗？

服务员：我确认一下，请您稍等。

[确认后] 很抱歉，双人房现在都已经住满了。可以为您准备大一点儿的单人房或者大床房，但是大床房现在正在打扫，要等 20 分钟才可以入住。您看怎么样？

客　人：那就大床房吧。

服务员：好的。那房间收拾好了，马上给您安排，请您在里面的沙发上坐着等一下。那边还有饮料可以喝。

【Khách đến làm thủ tục nhận phòng】

Khách: Xin lỗi, đổi sang phòng đôi cho tôi được không?

Nhân viên: Tôi sẽ kiểm tra, quý khách vui lòng chờ trong giây lát.

[Sau khi kiểm tra] Tôi thành thật xin lỗi, tiếc là phòng đôi đã kín. Nếu là phòng đơn thì chúng tôi có phòng hơi rộng một chút, hoặc là chúng tôi có thể chuẩn bị phòng bán đôi (semi-double) nhưng vì đang dọn phòng nên quý khách phải chờ khoảng 20 phút. Quý khách thấy sao ạ?

Khác: Vậy tôi đổi sang semi-double vậy.

Nhân viên: Tôi hiểu rồi. Vậy khi chuẩn bị phòng xong rồi, chúng tôi sẽ hướng dẫn ngay nên quý khách vui lòng chờ ở ghế sô-pha bên trong ạ. Nước uống ở đằng kia, xin mời quý khách ạ.

Khách: Vâng, cảm ơn.

【A customer is asking a staff member a question at a hotel concierge】
Customer:　　　Is there anything to see in this area?
Staff member:　Let's see. There are several sites in this area, but how much time do you have until your departure?
Customer:　　　Around 4:00.
Staff member:　I see. Then, there is an art museum and a glass workshop nearby. You can try hands-on glass making there. What would you like to do?
Customer:　　　Is the glass workshop the only place I can try things hands-on?
Staff member:　Well, you can also try hands-on Japanese sweets making. If you're interested, please take a look at these pamphlets. There are several.
Customer:　　　Thanks.
Staff member:　We can make reservations for you, so please let me know if you'd like us to.
Customer:　　　Thanks.

【客人来找服务员咨询】
客　　人：这附近有什么值得一看的地方吗?
服务员：嗯，有几个，您出发前能有多长时间?
客　　人：4个小时左右吧。
服务员：这样啊。这样的话，附近有美术馆，也有玻璃工坊。在那里可以体验做玻璃制品，您看怎么样?
客　　人：只有玻璃工坊有体验活动吗?
服务员：这个啊，其他还有可以体验做日式点心的地方。如果您感兴趣的话，可以看看这边的小册子。有好几种呢。
客　　人：谢谢。
服务员：在我们这里也可以预约，您需要的话，请告诉我。
客　　人：谢谢。

【Khách hỏi nhân viên chăm sóc khách hàng của khách sạn】
Khách:　　　Quanh đây có chỗ nào để xem (tham quan) không nhỉ?
Nhân viên:　Dạ, có vài chỗ ạ. Quý khách có khoảng bao lâu cho đến khi xuất phát ạ?
Khách:　　　Khoảng 4 tiếng thì phải.
Nhân viên:　Vậy ạ? Vậy thì gần đây có bảo tàng mỹ thuật, lại có cả xưởng làm thủy tinh. Quý khách có thể trải nghiệm ở đó, quý khách thấy sao ạ?
Khách:　　　Trải nghiệm là chỉ ở xưởng thủy tinh thôi à?
Nhân viên:　Dạ, ngoài ra cũng có chỗ trải nghiệm làm bánh kẹo Nhật. Nếu được, quý khách có thể tham khảo tập san giới thiệu này ạ. Có vài chỗ đấy ạ.
Khách:　　　Cảm ơn.
Nhân viên:　Chúng tôi có thể đặt chỗ cho quý khách, nếu cần quý khách vui lòng cho chúng tôi biết.
Khách:　　　Cảm ơn.

【A customer is asking a staff member a question at a department store】

Customer: Excuse me. Do you have this in a size M?

Staff member: Please wait a moment while I check.

[after looking]

Staff member: Sorry to keep you waiting. I'm afraid we don't have any size Ms. in stock. I'm sorry. But we do have this color in size M.

Customer: I see.

Staff member: We also have size M for this design available, if you'd like. [shows a product in a similar design]

Customer: Okay. Then, I'll take that.

Staff member: Okay.

【商场里客人在问服务员问题】

客　　人：不好意思。这个的 M 号有吗?

服务员：好的。我查一下，请您稍等一下。

　　　　　［查找后］

服务员：让您久等了。真不巧，M 号没货了。真是抱歉。这边的颜色的话还有…。

客　　人：嗯…。

服务员：或者，这种款式的话还有货，您看怎么样? ［给客人看旁边相同款式的衣服］

客　　人：好吧。那就要这件吧。

服务员：好的。

【Khách hỏi nhân viên tại cửa hàng bách hóa】

Khách: Xin lỗi, cái này có cỡ M không?

Nhân viên: Tôi hiểu rồi, để tôi kiểm tra xem. Xin quý khách vui lòng chờ trong giây lát.

[Sau khi tìm]

Nhân viên: Xin lỗi vì để quý khách chờ lâu. Tiếc là không còn cỡ M ạ. Tôi thành thật xin lỗi. Nếu là màu này thì chúng tôi còn cỡ M ạ...

Khách: Vậy à?

Nhân viên: Hoặc nếu là mẫu này thì chúng tôi chuẩn bị được ạ, quý khách thấy thế nào? [Cho xem sản phẩm có thiết kế tương tự]

Khách: Ừ nhỉ. Vậy tôi lấy cái này.

Nhân viên: Tôi hiểu rồi ạ.

【A customer and a staff member are talking at an airport】

Customer: Excuse me, I just got my checked luggage back, but my bag is missing one of its wheels.

Staff member: I'm truly sorry. We can fix it for you here for you, or we can pay the repair fees for you today.

Customer: I have another business trip right after this. What a hassle.

Staff member: I'm very sorry.

Customer: I guess it can't be helped. Then fix it, and hurry up with the paperwork.

Staff member: Understood. I'm very sorry for all of the trouble we've cause you. I'll handle the paperwork right away, so please have a seat and wait just a moment.

Customer: Fine.

Staff member: Sorry to have kept you waiting. I've finished the paperwork. Please accept my apology for everything. [bows deeply]

【在机场客人和地勤人员在说话】

客　　人：不好意思，刚刚取了托运的行李，不过（行李箱的）轮子掉了一个⋯。

地勤人员：实在抱歉。可以让我们来修，或者今天我们支付修理费给您。

客　　人：我马上还要去出差，很难办啊。

地勤人员：真的很抱歉。

客　　人：也没办法了。那就拜托你们修，赶快给我办手续吧⋯。

地勤人员：好的。给您添麻烦了，真是太不好意思了。马上给您办手续，请您坐一下稍等。

客　　人：嗯。

地勤人员：让您久等了。手续已经办好了。这次真的万分抱歉。［深深鞠躬］

【Khách và nhân viên nói chuyện tại sân bay】

Khách: Xin lỗi, tôi vừa lấy hành lý ký gửi nhưng bánh xe bị sút mất 1 cái...

Nhân viên: Thành thật xin lỗi quý khách. Có thể cho chúng tôi sửa hoặc thanh toán tiền sửa cho quý khách hôm nay không ạ.

Khách: Tôi lại phải đi công tác ngay, thật phiền quá đi mất.

Nhân viên: Thành thật xin lỗi quý khách.

Khách: Đành chịu thôi. Vậy sửa thôi cũng được, làm thủ tục mau cho tôi đi.

Nhân viên: Tôi hiểu rồi ạ. Thành thật xin lỗi quý khách vì đã làm phiền ạ. Tôi sẽ làm thủ tục ngay, xin vui lòng ngồi đây chờ ạ.

Khách: Ừm.

Nhân viên: Xin lỗi đã để quý khách chờ lâu. Tôi đã làm thủ tục rồi ạ. Thành thật xin lỗi quý khách.
[Cúi chào sâu 45 độ]

おもてなしのフレーズ チェックリスト

Omotenashi Phrase Checklist / 服务表达确认表 / Danh sách kiểm tra cụm từ Omotenashi

「おもてなしのフレーズ」が言えるようになりましたか。確認しましょう。

第1課	□ いらっしゃいませ。 □ お待たせいたしました。 □ 田中さま、 □ ご案内いたします。 □ お決まりになりましたら、お呼びください。
	□ おはようございます。 □ どうもありがとうございました。 □ どうもありがとうございました。またお待ちしております。 □ 大変申し訳ございません。 □ 今後このようなことがないようにいたします。 □ 大変申し訳ございませんでした。
第2課	□ こんにちは。 □ どうぞよろしくお願いいたします。 □ いつでもお声がけください。 □ すぐにうかがいます。 □ 少々お待ちください。
	□ おはようございます。 □ かしこまりました。 □ いってらっしゃいませ。
第3課	□ あちらでございます。 □ そのまま、まっすぐお進みください。
	□ ご案内します。 □ こちらへどうぞ。 □ こちらでございます。 □ どうぞ。 □ ごゆっくりお過ごしください。 □ 失礼いたします。
第4課	□ かしこまりました。 □ どのようなお食事がよろしいでしょうか。 □ いってらっしゃいませ。
	□ もしよろしければ、 □ 少々お待ちください。

<ruby>第<rt>だい</rt></ruby>5<ruby>課<rt>か</rt></ruby>	□ お<ruby>待<rt>ま</rt></ruby>ちしておりました。 □ <ruby>少々<rt>しょうしょう</rt></ruby>お<ruby>待<rt>ま</rt></ruby>ちいただけますでしょうか。 □ お<ruby>待<rt>ま</rt></ruby>たせいたしました。 □ ご<ruby>案内<rt>あんない</rt></ruby>いたします。
	□ お<ruby>電話<rt>でんわ</rt></ruby>ありがとうございます。おもてなしホテルでございます。 □ すぐに<ruby>確認<rt>かくにん</rt></ruby>いたします。 □ <ruby>恐<rt>おそ</rt></ruby>れ<ruby>入<rt>い</rt></ruby>りますが、
<ruby>第<rt>だい</rt></ruby>6<ruby>課<rt>か</rt></ruby>	□ <ruby>何<rt>なに</rt></ruby>かございましたか。 □ そうでしたか。 □ よろしければ、もう<ruby>少<rt>すこ</rt></ruby>しお<ruby>話<rt>はなし</rt></ruby>をうかがえませんか。 □ さようでございますか。<ruby>申<rt>もう</rt></ruby>し<ruby>訳<rt>わけ</rt></ruby>ございませんでした。 □ <ruby>貴重<rt>きちょう</rt></ruby>なご<ruby>意見<rt>いけん</rt></ruby>をありがとうございました。
	□ ご<ruby>迷惑<rt>めいわく</rt></ruby>をおかけし、<ruby>大変申<rt>たいへんもう</rt></ruby>し<ruby>訳<rt>わけ</rt></ruby>ございませんでした。 □ <ruby>申<rt>もう</rt></ruby>し<ruby>訳<rt>わけ</rt></ruby>ございません。 □ さようでございましたか。 □ <ruby>大変申<rt>たいへんもう</rt></ruby>し<ruby>訳<rt>わけ</rt></ruby>ございませんでした。
<ruby>第<rt>だい</rt></ruby>7<ruby>課<rt>か</rt></ruby>	□ <ruby>確認<rt>かくにん</rt></ruby>いたしますので、<ruby>少々<rt>しょうしょう</rt></ruby>お<ruby>待<rt>ま</rt></ruby>ちください。 □ <ruby>申<rt>もう</rt></ruby>し<ruby>訳<rt>わけ</rt></ruby>ございませんが、あいにく □ もしくは □ すぐにご<ruby>案内<rt>あんない</rt></ruby>いたしますので、
	□ いかがでしょうか。 □ もしよろしかったら □ お<ruby>申<rt>もう</rt></ruby>しつけください。
<ruby>第<rt>だい</rt></ruby>8<ruby>課<rt>か</rt></ruby>	□ かしこまりました。お<ruby>調<rt>しら</rt></ruby>べいたしますので、<ruby>少々<rt>しょうしょう</rt></ruby>お<ruby>待<rt>ま</rt></ruby>ちください。 □ お<ruby>待<rt>ま</rt></ruby>たせいたしました。 □ あいにく<ruby>在庫<rt>ざいこ</rt></ruby>がございません。<ruby>申<rt>もう</rt></ruby>し<ruby>訳<rt>わけ</rt></ruby>ございません。 □ もしくは、
	□ <ruby>大変申<rt>たいへんもう</rt></ruby>し<ruby>訳<rt>わけ</rt></ruby>ございません。 □ かしこまりました。ご<ruby>迷惑<rt>めいわく</rt></ruby>をおかけし、<ruby>大変申<rt>たいへんもう</rt></ruby>し<ruby>訳<rt>わけ</rt></ruby>ございませんでした。 □ すぐにお<ruby>手続<rt>てつづ</rt></ruby>きをいたしますので、おかけになってお<ruby>待<rt>ま</rt></ruby>ちください。 □ <ruby>手続<rt>てつづ</rt></ruby>きが<ruby>完了<rt>かんりょう</rt></ruby>いたしました。 □ この<ruby>度<rt>たび</rt></ruby>は、<ruby>誠<rt>まこと</rt></ruby>に<ruby>申<rt>もう</rt></ruby>し<ruby>訳<rt>わけ</rt></ruby>ございませんでした。

語彙リスト
<ruby>語彙<rt>ご い</rt></ruby>リスト

Vocabulary List / 词汇表 / Danh sách từ vựng

課／セクション	語彙（日本語）	ふりがな	英語	中国語	ベトナム語	場所	ページ
L1S1	感動する	かんどうする	to be moved	感动	cảm động	考えましょう	23
	接客	せっきゃく	serving customers	待客、招待	tiếp khách	考えましょう	23
	比べる	くらべる	to compare	比较	so sánh	考えましょう	23
	高級	こうきゅう	high class, high grade	高级	cao cấp	考えましょう	23
	インフォメーションカウンター	インフォメーションカウンター	information counter	咨询台	quầy thông tin	考えましょう	23
	金銭	きんせん	money, cash	金钱	tiền bạc	文化ノート	23
	発生する	はっせいする	to occur	发生	phát sinh, xảy ra	文化ノート	23
	距離	きょり	distance	距离	khoảng cách, cự li	文化ノート	23
	成り立つ	なりたつ	to consist of; to be valid	成立、组成、构成	hình thành, thành lập	文化ノート	23
	チップ	チップ	chip	小费、零钱	tiền tip	文化ノート	23
	慣習	かんしゅう	custom, tradition	习惯、习俗	phong tục, thói quen	文化ノート	23
	商品	しょうひん	product	商品	hàng hóa, sản phẩm	文化ノート	23
	代金	だいきん	price, cost	费用、价款	tiền hàng	文化ノート	23
	気持ち	きもち	feeling	心情	cảm xúc, tâm trạng	文化ノート	23
	表す	あらわす	to express	显示、表示	biểu hiện, diễn tả	文化ノート	23
	担当する	たんとうする	to be in charge	担任、负责	chịu trách nhiệm, phụ trách	文化ノート	23
	心づけ	こころづけ	tip, gratuity	小费、打赏	tiền tip, tiền bồi dưỡng	文化ノート	23
	包む	つつむ	to wrap	包、裹	gói, bọc, bao bọc	文化ノート	23
	封筒	ふうとう	envelope	信封	phong bì	文化ノート	23
	迎える	むかえる	to face; to head toward	迎接	đón	ポイント1	24
	丁寧な	ていねいな	polite	礼貌、仔细	lịch sự, cẩn thận	ポイント1	24
	表現	ひょうげん	expression	表现、表达	cách diễn đạt	ポイント1	24
	印象	いんしょう	impression	印象	ấn tượng	ポイント1	24
	理由	りゆう	reason	理由	lý do	ポイント2	24
	説明する	せつめいする	to explain	说明	thuyết minh, giải thích	ポイント2	24
	要望	ようぼう	request	要求	yêu cầu	ポイント2	24
	応える	こたえる	to respond	回应	đáp ứng	ポイント2	24
	負担をかける	ふたんをかける	to put a burden on	施压	gánh chịu, chịu	ポイント2	24
	頼む	たのむ	to request	拜托	yêu cầu, nhờ	ポイント3	25
	依頼	いらい	request	委托	yêu cầu, đề nghị	ポイント3	25

L1S1	事前	じぜん	beforehand	事前	trước, từ trước	ポイント6	25
	謙譲語	けんじょうご	humble speech	谦让语	từ khiêm tốn	ポイント6	25
	単に	たんに	simply	单单、只是	đơn thuần, đơn giản	ポイント7	25
	詳しい	くわしい	detailed	详细	chi tiết, cụ thể	ポイント7	25
	発音	はつおん	pronunciation	发音	phát âm	基本練習	26
	柔軟な	じゅうなんな	soft, flexible	灵活	linh hoạt, mềm dẻo	基本練習	26
	誠実な	せいじつな	honest, faithful	诚实	thành thật	基本練習	26
	対応する	たいおうする	to deal with	应对、处理	đối ứng	基本練習	26
	正直な	しょうじきな	honest, straightforward	诚实	chính trực, thẳng thắn	基本練習	26
	髪型	かみがた	hairstyle	发型	kiểu tóc	基本練習	26
	服装	ふくそう	attire	服装	trang phục, phục sức	基本練習	26
	整える	ととのえる	to put in order	准备	sắp đặt, chuẩn bị	基本練習	26
	人数	にんずう	number of people	人数	số người	基本練習	26
L1S2	握手	あくしゅ	handshake	握手	bắt tay	考えましょう	29
	ハグ	ハグ	hug	拥抱	ôm	考えましょう	29
	さまざま	さまざま	various	各种各样	đa dạng	考えましょう	29
	場面	ばめん	situation, setting	情况	tình huống, hoàn cảnh	考えましょう	29
	異なる	ことなる	to differ, to vary	相异	khác nhau	考えましょう	29
	すれ違う	すれちがう	to pass by one another	交错	đi ngược nhau	考えましょう	29
	目上	めうえ	someone of a higher status	长辈	cấp trên, người có vai vế / tuổi tác cao hơn	考えましょう	29
	到着する	とうちゃくする	to arrive	到达	đến nơi	考えましょう	29
	分離礼	ぶんりれい	saying a greeting first, then bowing	分离礼（寒暄之后鞠躬，直起身后再寒暄一次）	nói lời chào, lời cảm ơn xong mới cúi chào	考えましょう	29
	同時礼	どうじれい	saying a greeting while bowing at the same time	同时礼（寒暄的同时鞠躬）	vừa nói lời chào, lời cảm ơn, vừa cúi đầu chào	考えましょう	29
	状況	じょうきょう	circumstances	情况、状况	tình trạng	考えましょう	29
	判断する	はんだんする	decision	判断	phán đoán, quyết định	考えましょう	29
	使い分ける	つかいわける	to use (different things) for different purposes	区分	phân biệt cách dùng	考えましょう	29
	ロビー	ロビー	lobby	大厅	tiền sảnh	見てみましょう②	30
	立ち止まる	たちどまる	to come to a stop	停立	đứng lại	見てみましょう②	30
	会釈	えしゃく	low bow	致意	cúi chào nhẹ (cúi 15 độ)	見てみましょう②	30
	見送り	みおくり	sending off	送行	tiễn	見てみましょう②	30
	敬礼	けいれい	bow	鞠躬	cúi chào cung kính (cúi 30 độ)	見てみましょう②	30
	困る	こまる	to be troubled	困扰	bối rối, khó xử	見てみましょう②	30
	表情	ひょうじょう	(facial) expression	表情	biểu cảm, thái độ	見てみましょう②	30
	今後	こんご	from now on; hereafter	今后	tương lai, từ nay về sau	見てみましょう②	30

L1S2	最敬礼	さいけいれい	respectful bow	深鞠躬	cúi chào một cách kính trọng (cúi 45 độ)	見てみましょう②	30
	お礼	おれい	bow; gratitude	敬礼、致礼	cảm tạ, cảm ơn	ポイント2	31
	軽く	かるく	lightly, gently	轻微	một cách nhẹ nhàng	ポイント2	31
	来店	らいてん	coming to a store	光临	đến tiệm	ポイント3-2	31
	非がある	ひがある	to be at fault	过失	có lỗi	ポイント4	31
	謝る	あやまる	to apologize	道歉	xin lỗi	ポイント4	31
	決して	けっして	never, by no means	绝对（不）	tuyệt đối, nhất định	ポイント4	31
	反省する	はんせいする	to reflect, to introspect	反省	kiểm điểm lại, phản tỉnh	ポイント5	31
	深く	ふかく	deeply	深深地	một cách sâu	ポイント6	31
	丁重に	ていちょうに	politely	郑重地	lịch sự	ポイント6	31
	謝罪する	しゃざいする	to apologize	道歉	tạ lỗi, xin lỗi	ポイント6	31
	アレルギー	アレルギー	allergy	过敏	dị ứng	応用練習	33
	虫	むし	insect	虫子	côn trùng, sâu bọ	応用練習	33
	係	かかり	charge, duty	～员	phụ trách	まとめ	35
	名刺	めいし	business card	名片	danh thiếp	名刺交換	36
	ビジネスパーソン	ビジネスパーソン	businessperson	商务人员	doanh nhân, người làm công việc kinh doanh	名刺交換	36
	身だしなみ	みだしなみ	personal appearance	仪容；修养	diện mạo, vẻ bề ngoài	名刺交換	36
	目下	めした	someone of a lower status	下级	cấp dưới, người có vai vế / tuổi tác thấp hơn	名刺交換	36
	差し出す	さしだす	to submit, to hold out	提交	đưa ra	名刺交換	36
	役職	やくしょく	post, official position	职务	chức vụ	名刺交換	36
	名刺入れ	めいしいれ	business card case	名片夹	hộp / ví đựng danh thiếp	名刺交換	36
	（名刺入れの）輪	（めいしいれの）わ	(business card case) ring	圈、环	mí gấp lại (của ví đựng danh thiếp)	名刺交換	36
	相手側	あいてがわ	the other person's side, the opposition	对方	phía đối phương	名刺交換	36
	位置	いち	position	位置	vị trí	名刺交換	36
L2S1	イメージ	イメージ	image	印象	hình ảnh, hình dung	文化ノート	39
	決めつける	きめつける	to arbitrarily decide something	断定	cho rằng, quy kết	文化ノート	39
	性別	せいべつ	gender	性别	giới tính	文化ノート	39
	価値観	かちかん	sense of values	价值观	giá trị quan	文化ノート	39
	越える	こえる	to go over	超越	vượt qua	文化ノート	39
	チェックインカウンター	チェックインカウンター	check-in counter	值机台	quầy làm thủ tục (lên máy bay)	文化ノート	39
	パスポート	パスポート	passport	护照	hộ chiếu	文化ノート	39
	見た目	みため	appearance	外观	vẻ bề ngoài	文化ノート	39
	話しかける	はなしかける	to begin to talk, to start a conversation	搭话	bắt chuyện	文化ノート	39
	反応	はんのう	response	反应	phản ứng	文化ノート	39
	声がけする	こえがけする	to call, to summon	招呼、搭话	bắt chuyện, lên tiếng	見てみましょう①	40

L2S1	内線電話	ないせんでんわ	internal phone	内线电话	điện thoại nội bộ	見てみましょう①	40
	心がける	こころがける	to be mindful of, to keep in mind	留心	lưu tâm, để ý	ポイント1	40
	人間関係	にんげんかんけい	interpersonal relationships	人际关系	mối quan hệ giữa người với người	ポイント2	41
	フロア	フロア	floor (of a building)	楼层	sàn, tầng	ポイント2	41
	基本的な	きほんてきな	basic, fundamental	基本的	một cách cơ bản, về cơ bản	ポイント3	41
	気になる点	きになるてん	point of concern	担心之处、介意之处	điểm bận tâm	ポイント4-1	41
	待たせる	またせる	to make (someone) wait	让某人久等	bắt chờ, để chờ	ポイント6	41
	意見がある	いけんがある	to have an opinion	有意见	có ý kiến	考えましょう	44
	接客業	せっきゃくぎょう	service industry	服务业	ngành dịch vụ Du lịch - Nhà hàng - Khách sạn	考えましょう	44
	口角が上がる	こうかくがあがる	to grin	满意	khóe miệng cao lên	考えましょう	44
	隠す	かくす	to hide	隐藏	che giấu, giấu	考えましょう	44
	指し示し	さししめし	indicating, showing	指示	chỉ bằng tay, đưa tay chỉ	文化ノート	45
	受け渡し	うけわたし	delivery	交付	trao nhận	文化ノート	45
	人差し指	ひとさしゆび	index finger	食指	ngón trỏ	文化ノート	45
	そろえる	そろえる	to collect, to gather	齐备	chuẩn bị đầy đủ, sắp xếp có trật tự	文化ノート	45
	手のひら	てのひら	palm	手掌	lòng bàn tay	文化ノート	45
	両手	りょうて	both hands	双手	hai tay	文化ノート	45
	行う	おこなう	to perform, to carry out	举行、实行	tiến hành, tổ chức	文化ノート	45
	受け取る	うけとる	to accept	接收	nhận, tiếp nhận	文化ノート	45
	片手	かたて	one hand	单手	một tay	文化ノート	45
	片方	かたほう	one side	单方	một bên	文化ノート	45
	そえる	そえる	to accompany	添加	thêm vào, kèm theo	文化ノート	45
	動作	どうさ	action	动作	động tác	文化ノート	45
	込める	こめる	to put into	包含	tập trung, dồn vào	文化ノート	45
L2S2	預ける	あずける	to leave in someone's care	存寄	gửi	見てみましょう	46
	座席	ざせき	seat	坐位	chỗ ngồi	見てみましょう	46
	窓側	まどがわ	window-side	窗边	phía cửa sổ	見てみましょう	46
	いただく	いただく	to receive (humble form)	领受、领取	nhận (từ lịch sự)	見てみましょう	46
	搭乗券	とうじょうけん	boarding pass	登机牌、乘车票	vé lên máy bay	見てみましょう	46
	搭乗口	とうじょうぐち	boarding gate	登机口、乘车口	cửa lên máy bay	見てみましょう	46
	搭乗	とうじょう	boarding	搭乗	lên máy bay	見てみましょう	46
	開始	かいし	beginning	开始	bắt đầu	見てみましょう	46
	和語	わご	native Japanese word	日本固有的词汇	từ thuần Nhật	ポイント2	46
	漢語	かんご	Japanese word of Chinese origin	日语当中源于汉语的词汇	từ gốc chữ Hán	ポイント2	46
	要望	ようぼう	demand for, request	要求	yêu cầu	ポイント2	46

L2S2 返答	へんとう	reply, answer	回答、回复、回信	trả lời	ポイント3	47
理解する	りかいする	to understand	理解	hiểu, lý giải	ポイント3	47
はじめに	はじめに	first, in the beginning	最初、开始	đầu tiên, trước tiên	ポイント4	47
はっきりさせる	はっきりさせる	to make clear	判明	làm rõ	ポイント4	47
通路側	つうろがわ	aisle-side	过道侧	phía lối đi	ポイント5	47
下線	かせん	underline	下划线	gạch dưới	基本練習	48
向き	むき	facing, direction	方向、朝向	chiều, hướng	基本練習	48
売り場	うりば	selling area	售货处、销售处	nơi bán, quầy bán	基本練習	48
海側	うみがわ	sea-side	靠海那侧	phía biển	基本練習	48
清潔な	せいけつな	clean; pure	干净、清洁	sạch sẽ	身だしなみチェック	52
フケ	フケ	dandruff	头皮屑	gàu	身だしなみチェック	52
くし	くし	comb	梳子	lược	身だしなみチェック	52
整う	ととのう	to be ready; to be in order	齐整、齐备	chuẩn bị đầy đủ, sẵn sàng	身だしなみチェック	52
ふさわしい	ふさわしい	fitting, appropriate	相称、相配	phù hợp	身だしなみチェック	52
健康的な	けんこうてきな	healthy	（有益）健康的	một cách khỏe mạnh, khỏe khoắn	身だしなみチェック	52
メイク	メイク	makeup	化妆	trang điểm	身だしなみチェック	52
しわ	しわ	wrinkle	皱纹	nếp nhăn	身だしなみチェック	52
よれ	よれ	kink, twist	褶皱	nhăn nhúm	身だしなみチェック	52
アイロン	アイロン	iron	熨斗	bàn ủi	身だしなみチェック	52
そで口	そでぐち	cuff, armhole	袖口	cổ tay áo	身だしなみチェック	52
えり口	えりくち	collar	领口	đường viền cổ áo	身だしなみチェック	52
手入れ	ていれ	repairs, mending	保养、养护、护理、修整	chăm sóc	身だしなみチェック	52
ネイル	ネイル	nail	美甲	móng	身だしなみチェック	52
自然な	しぜんな	natural	自然（的）	tự nhiên	身だしなみチェック	52
塗る	ぬる	to apply, to paint	涂抹	sơn, bôi	身だしなみチェック	52
派手な	はでな	flashy	华丽、花哨	sặc sỡ	身だしなみチェック	52
ストッキング	ストッキング	stockings	长筒袜	vớ da	身だしなみチェック	52
（ストッキングが）伝線する	（ストッキングが）でんせんする	to have a run (in one's stockings)	（长筒袜）开线、绽线	(vớ da) bị xước	身だしなみチェック	52
予備	よび	reserve, spare	预备、准备	dự bị, phòng hờ	身だしなみチェック	52
口臭	こうしゅう	bad breath	口臭	hôi miệng	身だしなみチェック	52
香水	こうすい	perfume, cologne	香水	nước hoa	身だしなみチェック	52
汗	あせ	sweat	汗	mồ hôi	身だしなみチェック	52
（靴の）ヒール	（くつの）ヒール	heels (shoes)	鞋跟	gót (giày)	身だしなみチェック	52
安定する	あんていする	to stabilize	平稳	vững, chắc	身だしなみチェック	52
かかと	かかと	heel	脚跟	gót chân	身だしなみチェック	52

L3S2	操作盤	そうさばん	control panel	控制台、控制面板	bảng điều khiển	文化ノート	61
	過ごす	すごす	to pass, to spend (time)	度过	trải qua	見てみましょう②	62
	前置き	まえおき	preface	序文、前言	mở đầu, dẫn nhập	ポイント1	62
	楽しむ	たのしむ	to enjoy, to have fun	享受	thưởng thức, vui vẻ	基本練習	64
	スパ	スパ	spa	spa（水疗）	spa	応用練習	65
	最上階	さいじょうかい	highest floor, top floor	顶楼、顶层	tầng trên cùng	デパートのことば	68
	ギフト	ギフト	gift	礼品	quà tặng	デパートのことば	68
	インテリア	インテリア	interior	室内装饰	nội thất	デパートのことば	68
	コインロッカー	コインロッカー	coin locker	投币式置物柜	tủ gửi đồ	デパートのことば	68
	文具	ぶんぐ	stationery	文具	văn phòng phẩm	デパートのことば	68
	授乳室	じゅにゅうしつ	nursing room	哺乳室	phòng để chăm sóc trẻ nhỏ	デパートのことば	68
	紳士	しんし	gentleman	男士	quý ông	デパートのことば	68
	化粧品	けしょうひん	cosmetics	化妆品	mỹ phẩm	デパートのことば	68
	コスメ	コスメ	cosmetics	美妆	đồ trang điểm, mỹ phẩm	デパートのことば	68
	婦人	ふじん	woman, lady	妇人、妇女、女性	phu nhân	デパートのことば	68
	雑貨	ざっか	general goods	杂货	tạp hóa	デパートのことば	68
	レディース	レディース	ladies, ladies'	女士	quý bà quý cô	デパートのことば	68
	食品	しょくひん	food product	食品	thực phẩm	デパートのことば	68
L4S1	おまかせする	おまかせする	to leave a decision to someone else	委托、委任	giao phó, nhờ quyết định giùm	考えましょう	70
	コンシェルジュ	コンシェルジュ	concierge	酒店礼宾部、住房物业管理	nhân viên chăm sóc khách hàng	考えましょう	71
	問い合わせ	といあわせ	inquiry	咨询	liên hệ, thắc mắc	文化ノート	71
	様子を見る	ようすをみる	to wait and see, to see how things go	观察	xem tình hình	文化ノート	71
	察する	さっする	to presume, to sympathize with	察觉、体察	đoán, thông cảm	文化ノート	71
	空気を読む	くうきをよむ	to read the situation	察言观色	đọc tình huống	文化ノート	71
	気を配る	きをくばる	to pay attention, to be watchful	照顾、关照、体贴	bày tỏ sự quan tâm, chu đáo	文化ノート	71
	文脈	ぶんみゃく	context	上下文	ngữ cảnh, mạch văn	文化ノート	71
	頼る	たよる	to rely on, to depend on	依靠、仰仗	trông cậy, nhờ vào	文化ノート	71
	一方	いっぽう	one direction, one hand	一方面、另一方面	một mặt, mặt khác	文化ノート	71
	ついでに	ついでに	incidentally, while (you) are at it	顺便	nhân tiện, sẵn tiện	見てみましょう①	72
	和食	わしょく	Japanese food	日料	món Nhật	見てみましょう①	72
	支払う	しはらう	to make a payment	支付	thanh toán, chi trả	見てみましょう①	72
	高齢者	こうれいしゃ	elderly	高龄人员	người cao tuổi	ポイント2	73
	宗教	しゅうきょう	religion	宗教	tôn giáo	ポイント2	73
	少なくとも	すくなくとも	at least	至少	ít nhất thì, tối thiểu thì	ポイント3-1	73
	おすすめ	おすすめ	recommended	推荐	khuyến khích	基本練習	74

177

L4S2	ツインルーム	ツインルーム	twin room	标间（双床房）	phòng đôi (2 giường)	ホテルのことば	84
L5S1	変更する	へんこうする	to change	变更	thay đổi	考えましょう	86
	コース	コース	course	套餐	lộ trình	考えましょう	87
	心理	しんり	psychology, state of mind	心理	tâm lý	文化ノート	87
	満足度	まんぞくど	(degree of) satisfaction	满意度	mức độ hài lòng	文化ノート	87
	高まる	たかまる	to rise, to go up	高涨	cao lên	文化ノート	87
	歓迎する	かんげいする	to welcome (someone)	欢迎	hoan nghênh, chào mừng	文化ノート	87
	受け入れる	うけいれる	to accept, to receive	接受	nhận, tiếp nhận	文化ノート	87
	敬意を払う	けいいをはらう	to pay one's respects	致敬	bày tỏ sự tôn trọng	文化ノート	87
	態度	たいど	attitude, behavior	态度	thái độ	文化ノート	87
	損をする	そんをする	to take a loss, to lose money	有损、有失	tổn thất	文化ノート	87
	思い	おもい	thought, feeling	想法	tâm tư, suy nghĩ	文化ノート	87
	追加する	ついかする	to add	追加	bổ sung	見てみましょう①	88
	できれば	できれば	if possible, if you could	可行的话	nếu được	見てみましょう①	88
	心待ち	こころまち	anticipation, expectation	衷心	mong chờ	ポイント1	88
	代わり	かわり	replacement; refill	代替	thay thế	ポイント3	89
	報告する	ほうこくする	to report	报告	báo cáo	ポイント7	89
	取り替える	とりかえる	to replace; to exchange	替换	đổi, thay thế	基本練習	90
	個室	こしつ	private room	包间	phòng riêng	応用練習	91
	座敷	ざしき	tatami mat room, formal Japanese room	宴会席	phòng chiếu, phòng ngồi bệt	応用練習	91
L5S2	商品券	しょうひんけん	gift certificate	购物券	phiếu mua hàng	考えましょう	92
	到着する	とうちゃくする	to arrive	到达	đến nơi	考えましょう	93
	独占する	どくせんする	to monopolize, to create a monopoly	独占	độc chiếm	文化ノート	93
	特別な	とくべつな	special	特别	đặc biệt	文化ノート	93
	向き合う	むきあう	to face each other, to confront (an issue)	正对面	đối diện nhau	文化ノート	93
	自分本位	じぶんほんい	self-centeredness	自私	sự ích kỷ	文化ノート	93
	見逃す	みのがす	to overlook, to fail to notice	错过	bỏ sót	文化ノート	93
	立場	たちば	position; standpoint	立场	lập trường, vị trí	文化ノート	93
	工夫する	くふうする	to devise, to figure out	下功夫、悉心钻研	công phu	文化ノート	93
	失礼	しつれい	discourtesy, impoliteness	失礼	thất lễ, bất lịch sự	ポイント1	94
	依頼表現	いらいひょうげん	request expression	寻求帮助时的礼貌用语	cách diễn đạt sự nhờ cậy	ポイント2	94
	口頭	こうとう	verbal, spoken	口头	nói miệng	ポイント5	95
	スベル	スベル	spelling	拼写	sự đánh vần, chính tả	ポイント5	95
	子ども用	こどもよう	for children	儿童用	dành cho trẻ em	基本練習	96

L5S2	着信音	ちゃくしんおん	ringtone	（电话、短信、邮件）铃声	âm thanh báo có thông tin đến (điện thoại, e-mail, tin nhắn v.v.)	電話応対	100
	取りつぐ	とりつぐ	to announce (someone's arrival), to receive (a guest at reception)	转接	truyền đạt, bàn giao	電話応対	100
	あいにく	あいにく	unfortunately	不巧	không may, đáng tiếc	電話応対	100
	席をはずす	せきをはずす	to be away from one's seat	离席；不在；无法应答	vắng mặt, rời chỗ ngồi	電話応対	100
	かけなおす	かけなおす	to call back	重拨	gọi (điện thoại) lại	電話応対	100
	用件	ようけん	business matter, information that should be conveyed	事情	việc cần, công việc	電話応対	100
	伝言	でんごん	verbal message	留言	lời nhắn	電話応対	100
	うけたまわる	うけたまわる	to receive (an order), to take (a reservation)	获悉；听从；了解	tiếp nhận	電話応対	100
	復唱する	ふくしょうする	to recite, to repeat (to oneself)	复述	lặp lại	電話応対	100
	受話器	じゅわき	(telephone) receiver	听筒	ống nghe (điện thoại)	電話応対	100
	だれ宛	だれあて	to whom, to someone	您找谁?	ai (từ lịch sự)	電話応対	100
L6S1	姿勢	しせい	posture, position, attitude	态度	tư thế, thái độ	考えましょう	102
	目の前	めのまえ	in front of one's eyes	目前；眼前	trước mắt	考えましょう	102
	お祝いカード	おいわいカード	greeting card (for celebrations)	贺卡	thiệp chúc	考えましょう	102
	うなずく	うなずく	to nod	点头	gật đầu	文化ノート	103
	相づちをうつ	あいづちをうつ	to back-channel, to throw in interjections to show that one is paying attention	附和	ra hiệu hưởng ứng	文化ノート	103
	共感を示す	きょうかんをしめす	to express empathy	表示赞同	bày tỏ sự đồng cảm	文化ノート	103
	タイミング	タイミング	timing	时机	thời điểm	文化ノート	103
	繰り返す	くりかえす	to repeat	反复	lặp đi lặp lại	文化ノート	103
	言い換える	いいかえる	to reword, to re-phrase	换句话说	nói khác, nói cách khác	文化ノート	103
	不快な	ふかいな	displeasure, discomfort	不快、不愉快	không thoải mái	文化ノート	103
	まねる	まねる	to mimic, to imitate	模仿	bắt chước	文化ノート	103
	ジェスチャー	ジェスチャー	gesture	手势	cử chỉ, điệu bộ	文化ノート	103
	速度	そくど	speed, velocity	速度	tốc độ	文化ノート	103
	効果的な	こうかてきな	effective	有效果的	một cách hiệu quả	文化ノート	103
	貴重な	きちょうな	precious, valuable	珍贵、宝贵	quý giá	見てみましょう①	104
	感想	かんそう	impressions, feelings	想法、感想	cảm tưởng	ポイント1	104
	機会	きかい	chance, opportunity	机会	cơ hội	ポイント1	104
	代替案	だいたいあん	alternative plan	替代方案	phương án thay thế	ポイント1	104
	なくなる	なくなる	to go away, to go out of existence	消弭	không còn nữa	ポイント2	104
	サインを送る	サインをおくる	to send a signal	打暗号	ra hiệu	ポイント4	105
	文句	もんく	complaint	抱怨、牢骚	phàn nàn	ポイント5	105

L7S1	好み	このみ	preference, liking	喜好	sở thích	文化ノート	119
	把握する	はあくする	to grasp, to understand	掌握	nắm bắt	文化ノート	119
	ポーションミルク	ポーションミルク	individual creamer cup	咖啡伴侣	gói sữa kèm (cà phê)	文化ノート	119
	満室	まんしつ	(rooms) fully occupied	客满	kín phòng, hết phòng	見てみましょう①	120
	清掃中	せいそうちゅう	cleaning in progress	正在清扫	đang làm vệ sinh	見てみましょう①	120
	残念な	ざんねんな	regrettable, unfortunate	遗憾、可惜	đáng tiếc	ポイント2	120
	気遣う	きづかう	to worry about (someone's welfare or comfort)	挂念、关切	giữ ý, giữ kẽ	ポイント5	121
	ルームサービス	ルームサービス	room service	客房服务	dịch vụ phục vụ tại phòng	基本練習	122
L7S2	顧客満足	こきゃくまんぞく	customer satisfaction	顾客满意（度）	sự hài lòng của khách hàng	文化ノート	125
	顧客感動	こきゃくかんどう	customer delight	客户满意（度）	sự cảm kích của khách hàng	文化ノート	125
	評価	ひょうか	assessment, evaluation	评价	sự đánh giá	文化ノート	125
	期待通り	きたいどおり	as expected	符合预期	đúng như kỳ vọng	文化ノート	125
	再度	さいど	twice, again	再次	lần nữa	文化ノート	125
	購入する	こうにゅうする	to purchase	购入、购买	mua	文化ノート	125
	喜び	よろこび	happiness	喜悦	niềm vui, niềm hân hoan	文化ノート	125
	ガラス工房	ガラスこうぼう	glasswork	玻璃工坊	xưởng thủy tinh	見てみましょう②	126
	体験	たいけん	personal experience	体验、经历	trải nghiệm	見てみましょう②	126
	パンフレット	パンフレット	pamphlet	手册	tập san giới thiệu	見てみましょう②	126
	申しつける	もうしつける	to instruct, to tell to do (humble form)	示下、吩咐	thông báo, cho biết	見てみましょう②	126
	新鮮	しんせん	fresh	新鲜	tươi mới	応用練習	129
	品切れ	しなぎれ	out of stock, sold out	脱销	hết hàng	まとめ	130
	宿泊する	しゅくはくする	to stay (at a hotel, etc.)	住宿	lưu trú	まとめ	131
	グランドスタッフ	グランドスタッフ	grandstand	地勤	nhân viên mặt đất	空港のことば	132
	搭乗時刻	とうじょうじこく	boarding time	登机时间	giờ lên máy bay	空港のことば	132
	客室	きゃくしつ	guest room	座舱、机舱、客舱	phòng khách trọ	空港のことば	132
	空港施設	くうこうしせつ	airport facility	机场设施	cơ sở ở sân bay	空港のことば	132
L8S1	カート	カート	cart	行李推车	xe đẩy hành lý	考えましょう	134
	安全上	あんぜんじょう	for safety	安全方面	trên phương diện an toàn	考えましょう	134
	清掃	せいそう	cleaning	清扫	làm vệ sinh	考えましょう	135
	相談	そうだん	consulting	商量	trao đổi	文化ノート	135
	正確な	せいかくな	accurate, precise	正确	chính xác	文化ノート	135
	効率的な	こうりつてきな	effective	有效率的	một cách hiệu quả	文化ノート	135
	迷う	まよう	to lose one's way; to waver	迷惑、踌躇	bận khoăn, phân vân	文化ノート	135
	信頼する	しんらいする	to trust, to rely on	信赖、可靠	tin tưởng, tin cậy	文化ノート	135
	在庫	ざいこ	inventory, stock	库存	tồn kho	見てみましょう①	136

L8S2	申し出	もうしで	proposal, request	提出、提议、申请	đề nghị	考えましょう	140
	シェフ	シェフ	chef	厨师	đầu bếp	考えましょう	140
	パーソナルスペース	パーソナルスペース	personal space	私人空间	không gian giao tiếp	文化ノート	141
	近づく	ちかづく	to approach, to draw near	接近	đến gần	文化ノート	141
	距離間	きょりかん	sense of distance (physical or emotional)	距离感、高冷	cảm giác xa cách, có khoảng cách	文化ノート	141
	年齢	ねんれい	age	年龄	độ tuổi, tuổi	文化ノート	141
	位置関係	いちかんけい	positional relation	位置关系	mối quan hệ vị trí	文化ノート	141
	正面	しょうめん	front	正面	chính diện	文化ノート	141
	リラックスする	リラックスする	to relax	放松	thư giãn	文化ノート	141
	真後ろ	まうしろ	right behind	正后方	ngay phía sau	文化ノート	141
	不安	ふあん	anxiety, uneasiness	不安、担心	bất an, lo lắng	文化ノート	141
	公衆距離	こうしゅうきょり	public distance	公众距离	khoảng cách công cộng	文化ノート	141
	社会距離	しゃかいきょり	social distance	社交距离	khoảng cách xã hội	文化ノート	141
	個体距離	こたいきょり	personal distance	个人距离	khoảng cách cá nhân	文化ノート	141
	密接距離	みっせつきょり	intimate distance	亲密距离	khoảng cách thân mật	文化ノート	141
	タイヤ	タイヤ	tire	轮胎	lốp xe	見てみましょう②	142
	完了する	かんりょうする	to complete	结束、完毕	hoàn tất	見てみましょう②	142
	解決	かいけつ	solution, resolution	解决	giải quyết	ポイント 3-1	143
	安心感	あんしんかん	sense of security	安全感	cảm giác an tâm	ポイント 4	143
	争う	あらそう	to compete, to oppose	竞争	cạnh tranh	ポイント 5	143
	嫌う	きらう	to hate	嫌恶	ghét	ポイント 5	143
	下座	しもざ	lower seat, seat at bottom of the table	末席、下座	chỗ ngồi vị trí thấp	席次	148
	応接室	おうせつしつ	reception office, parlor	会客室	phòng tiếp khách	席次	148
	優先順位	ゆうせんじゅんい	priority, order of precedence	优先级	thứ tự ưu tiên	席次	148
	ひじかけ	ひじかけ	arm rest	（座椅的）扶手	chỗ gác tay	席次	148
	背もたれ	せもたれ	back (of a chair)	（座椅的）靠背	tựa lưng, lưng ghế	席次	148
	運転手	うんてんしゅ	driver	司机	tài xế	席次	148
	同行者	どうこうしゃ	fellow traveler	同行人员	người đi cùng	席次	148

［著者紹介］

林 千賀（はやし ちが）

米国ダートマス大学専任日本語講師を経てハーバード大学専任日本語講師（ハーバード大学優秀教育者賞を受賞）。現在、城西国際大学教授。留学生センター所長。日本語教員養成課程（副専攻）を担当。「接客場面で使用される定型表現の意味機能と共起する意味公式の分析－おもてなしの日本語教育を目指して-」『城西国際大学紀要』(2020)、「接遇ビジネスにおけるおもてなしの『心』を伝える談話の分析－客の要望に応えるスタッフの対応についての意味公式の分析の観点から－」『BATJ Journal』(2019)、共著『新・はじめての日本語教育基本用語辞典　日本語教育能力検定試験対策』アスク出版（2019）などを執筆。

羽鳥 美有紀（はとり みゆき）

元日本航空グランドスタッフ。社内接遇サービス教育担当を経験し、成田国際空港株式会社「CS Award 2011 Autumn」、「CS Award 2011 特別賞」受賞。中国東北大学の専任日本語講師を経て、現在城西国際大学助教。「日本のおもてなしマナー」、「ビジネスマナー」講師として、中国や日本で活躍中（エレガンスマナーインストラクター資格保有者）。「外国人留学生の人材育成における一考察　－ホスピタリティ業界に従事する外国人社員の振り返りを通して－」『城西国際大学大学院紀要』（2020）などを執筆。

齋藤 貢（さいとう みつぐ）

中国大連外国語大学で日本語講師、中国の中学校、高校、専門学校、企業での日本語教育、日本文化のクラス担当。現在、城西国際大学非常勤講師。共著『新経典　基礎日本語Ⅰ、Ⅱ』（2014）、共著「日本語学習者のための観光ホスピタリティ教育－ロールプレーの実践例から－」『日本観光ホスピタリティ教育学会全国大会研究発表論文集』日本観光ホスピタリティ教育学会(2019)などを執筆。

研究協力者

中井延美　明海大学　ホスピタリティ・ツーリズム学部　准教授

おもてなしの日本語
心で伝える接遇コミュニケーション　基本編

2020 年 3 月 25 日初版　第 1 刷　発行

著　者	林千賀・羽鳥美有紀・齋藤貢
翻訳・校正	Malcolm Hendricks（英語）
	胡奥琦・彭博・曽琦恵（中国語）
	NGUYEN DO AN NHIEN・
	NGUYỄN THỊ ÁI TIÊN（ベトナム語）
イラスト	パント大吉
カバーデザイン	岡崎裕樹（アスク出版デザイン室）
収録・編集	株式会社アスク出版 映像編集部
編集・本文デザイン・DTP	有限会社ギルド
発行人	天谷修身
発　行	株式会社アスク出版
	〒 162-8558　東京都新宿区下宮比町 2 － 6
	電話 03-3267-6864　FAX03-3267-6867
印刷・製本	日経印刷株式会社

アンケートにご協力ください。
ご協力いただいた方には抽選で記念品を進呈します。
We will provide a token of our gratitude for your cooperation with the survey.
对于参与问卷调查的读者，我们将通过抽签方式赠送纪念品。
Chúng tôi sẽ tiến hành bốc thăm tặng quà kỷ niệm cho quý vị đã hợp tác.

PC https://www.ask-books.com/support/

Smartphone

解答

Supplementary Book Answers
答案别册
Tập đáp án rời

第1課 おもてなしの心

セクション1

基本練習 （p.26）

1.【おもてなしのフレーズ】
　① いらっしゃいませ。　② お待たせいたしました。　③ ご案内いたします。
　④ お決まりになりましたら、お呼びください。

2.【「おもてなし」とは】
　① 心配り（　a.　）　② 第一印象（　d.　）　③ 柔軟な応対（　b.　）　④ 誠実な心（　c.　）

3.【人数を聞く】
　スタッフ：何名さまですか。
　お客さま：2人です。
　スタッフ：2名さまですね。　① 1名さま　② 4名さま　③ 5名さま　④ 10名さま

4.【 お願い 　お＋V-ます＋ください】
　① お書きください　② お座りください／おかけください　③ お使いください　　④ お取りください
　⑤ お持ちください

応用練習 （p.27）

□ お客さまがいらっしゃったら、まず、「いらっしゃいませ。」とあいさつをします。そして、人数を確認しましょう。席がいっぱいの時は、名前を書いて待ってもらうよう お願い をします（< 理由 ＋ お願い >）。

□ 待ってもらった後には、< 行動報告 ＋ 呼びかけ ＋ 行動表明 >をして席まで案内しましょう。 行動報告 の「お待たせいたしました。」、 呼びかけ の「〇名さまでお待ちの〇〇さま」、 行動表明 の「ご案内いたします。」が言えましたか。

□ メニューを出す時は、「こちらがメニューでございます。」と言い、「お決まりになりましたら、お呼びください。」と お願い をしましょう。これらの「おもてなしのフレーズ」がしっかり言えるまで練習しましょう。

セクション2

基本練習 （p.32）

1.【おもてなしのフレーズ】
　① おはようございます。　② どうもありがとうございました。
　③ どうもありがとうございました。またお待ちしております。
　④ 大変申し訳ございません。　⑤ 今後このようなことがないようにいたします。

2.【おじぎ】（pp.28 〜 29 をもう一度確認して、練習してみましょう。）

3.【おじぎ】（同時礼と分離礼で練習してみましょう。）
　① おはようございます。（会釈）　② ありがとうございました。（会釈／敬礼）
　③ 申し訳ございません。（敬礼）　④ 大変申し訳ございません（でした）。（最敬礼）
　⑤ いらっしゃいませ。（会釈／敬礼）　⑥ どうもありがとうございました。（最敬礼）

2

⑦ またお待ちしております。（敬礼）　⑧ こんにちは。／いらっしゃいませ。（会釈）

4.【行動表明】

　① ただいまお取りいたします　② ただいまご予約をお取りいたします　③ ただいまお運びいたします

※ お客さまに対しては、「今」ではなく、「ただいま」を使いましょう。

応用練習　（p.33）

お客さまからクレームが入った時は、＜ 謝罪 ＋ 行動表明 ＋ 行動表明 ＋ 謝罪 ＞の順で言います。

□ まず「大変申し訳ございません。」と言って 謝罪 をし、敬礼することができましたか。

□ それから、すぐ代わりのものを準備すると伝え、今後このようなことがないように 行動表明 をしましょう。この迅速な応対ができましたか。

□ もう一度、深く 謝罪 してから、最敬礼をしましょう。最敬礼をすると謝罪の気持ちが深くなり、丁寧です。このような謝罪をすることが、誠実な応対です。「セクション2」で学んだ、会釈・敬礼・最敬礼、同時礼・分離礼ができるようになりましたか。

※ ④の A. には、「エビ」、「豚肉」などを入れることができましたか。お客さまには、アレルギーで食べられないものや宗教上、食べられないものがあります。

まとめ問題　（pp.34 〜 35）

1.　① またお待ちしております　② 大変申し訳ございません　③ いらっしゃいませ
　　④ お待たせいたしました　⑤ ご案内いたします　⑥ お決まりになりましたら、お呼びください
　　⑦ 今後このようなことがないようにいたします

2.　① あいさつをする時（「おはようございます」）や、人とすれ違う時など
　　② お客さまの出迎え（「お待ちしておりました」）や、見送りの時（「いってらっしゃいませ」）、感謝の気持ちを表す時（「ありがとうございました」）など
　　③ 感謝の気持ちを強調したい時（「どうもありがとうございました」）や、深く謝罪する時（「大変申し訳ございません（でした）」）など

3.　このテキストで学ぶ「おもてなしの心」には、7つのキーワードがあります。このキーワードについて、それぞれの課で学びましょう。pp.6 〜 9 と p.22 をもう一度読んで、どのようなことなのか、身の回りの例を友達に紹介しながら考えてみましょう。おじぎでも「おもてなしの心」が大切です。

4.　行動表明 は、これから何をするかをお客さまに伝える時に言います。
　　第1課の会話では、「ご案内いたします。」「またお待ちしております。」「今後このようなことがないようにいたします。」の 行動表明 を学びました。

5.　感謝 には、「ありがとうございます。」「どうもありがとうございました。」などの表現があります。
　　謝罪 には、「大変申し訳ございません。」「大変申し訳ありませんでした。」などの表現があります。
　　会釈、敬礼、最敬礼もしながら練習してみましょう。

6.　□ 初めの あいさつ（「いらっしゃいませ」）を、同時礼で言えましたか。
　　□ 最後の「お決まりになりましたら、お呼びください。」の後には分離礼をすることができましたか。最後に分離礼をするのは、もっと丁寧になるからです。p.29 で同時礼と分離礼について確認し、もう一度練習しましょう。この課では、「おもてなしの心」がどのようなものか、紹介しました。そして、おじぎの種類も学びました。上手にできるようになったら、録画してポートフォリオを作りましょう。

7. 勉強する前とした後で、何か変わりましたか。理解できるようになったことは、どんなことですか。

第2課　人間関係構築

セクション1

基本練習　（p.42）

1.【おもてなしのフレーズ】
① こんにちは。　② どうぞよろしくお願いいたします。
③ 何かわからないことがございましたら、いつでもお声がけください。
④ すぐにうかがいます。　⑤ 少々お待ちください。

2.　③

3.【名前＋と申します】
① 受付を担当いたします、〇〇と申します。どうぞよろしくお願いいたします。
② このフロアを担当いたします、〇〇と申します。どうぞよろしくお願いいたします。

4.【NP＋ございましたら】
① 何かご不明な点がございましたら、いつでもお声がけください。
② 何か気になる点がございましたら、いつでもお声がけください。
③ 何かわかりにくいことがございましたら、いつでもお声がけください。
④ 何か聞きたいことがございましたら、いつでもお声がけください。

5.【V＋ていただければ】
① ボタンを押していただければ、すぐにうかがいます。
② 教えていただければ、すぐにうかがいます。
③ 呼んでいただければ、すぐにうかがいます。
④ 声がけしていただければ、すぐにうかがいます。

応用練習　（p.43）

第一印象をよくするためには、あいさつと自己紹介がとても大切です。
□ 接客をする時の自己紹介：＜あいさつ＋情報提供＋自分の名前＋あいさつ＞が言えましたか。
□ お客さまに声をかけやすい、頼みやすいスタッフだと思ってもらえるような笑顔ができましたか。
※ ④の A. は基本練習の3.（p.42）、B. は基本練習の4.（p.42）がヒントになります。B. には「気になる点」「わかりにくいこと」など、C. には「教えていただければ、すぐにうかがいます。」などを入れることができます。基本練習の5.（p.42）がヒントです。

基本練習 （p.48）

1.【おもてなしのフレーズ】

　① おはようございます。　② かしこまりました。　③ いってらっしゃいませ。

2.【表情（ひょうじょう）】

　①「こんにちは」[笑顔（えがお）][会釈（えしゃく）]　②「おはようございます」[笑顔（えがお）][会釈（えしゃく）]

　③「いらっしゃいませ」[笑顔（えがお）][会釈（えしゃく）／敬礼（けいれい）]　④「いってらっしゃいませ」[笑顔（えがお）][会釈（えしゃく）／敬礼（けいれい）]

　⑤「大変申し訳ありませんでした（たいへんもうしわけ）」[申し訳ない（もうしわけ）顔（かお）][最敬礼（さいけいれい）]

3.【指（さ）し示（しめ）す】

　① こちらがお食事券（しょくじけん）でございます。午前（ごぜん）6時（じ）からご利用可能（りようかのう）でございます。

　② こちらが地図（ちず）でございます。駅（えき）はこちらでございます。

　③ こちらがご搭乗券（とうじょうけん）でございます。お席（せき）は窓側（まどがわ）2A でございます。

　④ こちらがデパートの案内図（あんないず）でございます。くつ売（う）り場（ば）は3階（かい）でございます。

※ 食事券（しょくじけん）、地図（ちず）、搭乗券（とうじょうけん）、案内図（あんないず）を使（つか）って文字（もじ）に手（て）をそえながら、練習（れんしゅう）できましたか。

4.【お＋V-ます／お＋N（和語（わご））／ご＋N（漢語（かんご））】

　① お座席（ざせき）　② ご搭乗券（とうじょうけん）　③ お渡（わた）し　④ お席（せき）　⑤ お時間（じかん）　⑥ お返（かえ）し　⑦ ご搭乗口（とうじょうぐち）　⑧ お探（さが）し

　⑨ お部屋（へや）　⑩ ご案内（あんない）

5.【 トピック ＋ 情報提供 】

　① お座席（ざせき）ですが、通路側（つうろがわ）32C でご予約（よやく）(を)いただいております。

　② お部屋（へや）ですが、5階（かい）の海側（うみがわ）505 でご予約（よやく）(を)いただいております。

　③ お席（せき）ですが、窓側（まどがわ）でご予約（よやく）(を)いただいております。

応用練習 （p.49）

この会話（かいわ）は、空港（くうこう）のチェックインカウンターの場面（ばめん）です。笑顔（えがお）でお客（きゃく）さまに良（よ）い第一印象（だいいちいんしょう）を持（も）ってもらうことが大切（たいせつ）です。

□ お客（きゃく）さまを迎（むか）える時（とき）に、笑顔（えがお）で「おはようございます」と＜ あいさつ ＋[会釈（えしゃく）・同時礼（どうじれい）]＞をすることができましたか。

□ お客（きゃく）さまからパスポートを預（あず）かった時（とき）も笑顔（えがお）で「ありがとうございます。」と 感謝 を言（い）えましたか。

□ 最後（さいご）も笑顔（えがお）で「どうもありがとうございました。いってらっしゃいませ。」と＜ 感謝 ＋ あいさつ [敬礼（けいれい）・分離礼（ぶんりれい）]＞が言（い）えましたか。

□ 搭乗券（とうじょうけん）を見（み）せる時（とき）や渡（わた）す時（とき）に、お客（きゃく）さまが読（よ）みやすい向（む）きで示（しめ）すことができましたか。

※ ③の A. は、練習（れんしゅう）のペアの名前（なまえ）を言（い）ってみてもいいでしょう。B. は基本練習（きほんれんしゅう）の5.（p.48）がヒントになります。C. は基本練習（きほんれんしゅう）の3.（p.48）がヒントになります。

まとめ問題 （pp.50〜51）

1. ① 少々（しょうしょう）お待（ま）ちください　② いってらっしゃいませ　③ どうぞよろしくお願（ねが）いいたします

　　④ かしこまりました　⑤ いつでもお声（こえ）がけください

2. ① 自然（しぜん）な笑顔（えがお）で、お客（きゃく）さまと話（はな）す。　など

② 笑顔であいさつする。そして、おじぎをする。会釈か敬礼で同時礼をする。　など

3. ①こちらが航空券でございます。ご搭乗口は 61 番、19:25 から搭乗開始でございます。　など

　　②こちらがお食事券でございます。朝食のお時間は 6:30 から 9:30 まででございます。　など

　　③こちらが館内図でございます。レストランは 6 階でございます。　など

　　④こちらが地図でございます。美術館／駅／デニーゼはこちらでございます。　など

4. 例 1）お席ですが、窓側でご予約（を）いただいております。

　　例 2）お部屋ですが、セミダブルでご予約（を）いただいております。

　　例 3）お座席ですが、窓側 35A でご予約（を）いただいております。　など

5. □ 搭乗券を渡す時に、手をそえながら 情報提供 （「ご搭乗口 38 番、8 時 40 分から搭乗開始でござ
　　います。」など）を言うことができましたか。

　　□ 指は文字がわかるように示すことができましたか。

　　□ 見送りの あいさつ （「いってらっしゃいませ」）は、笑顔でおじぎすることができましたか。

　　もう一度、笑顔、手をそえること、おじぎに注意して練習してみましょう。この課では、お客さま
　　との人間関係構築のためには、第一印象と表情が大切であることを学びました。上手にできるよう
　　になったら、録画してポートフォリオを作りましょう。

6. 勉強する前とした後で、何か変わりましたか。理解できるようになったことは、どんなことですか。

第 3 課　心配り

セクション 1

基本練習　（p.58）

1.【おもてなしのフレーズ】

　① いらっしゃいませ。　② あちらでございます。　③ そのまま、まっすぐお進みください。

2.【ご案内】

　p.55 をもう一度見ましょう。示す時は、人差し指だけで指すのではなく、指をそろえて示すことがで
　きましたか。

3.【情報提供：N は N でございます】

　① お手洗いはあちらでございます。　② 階段はそちらでございます。

　③ 喫煙所はこちらでございます。　④ カウンターはあちらでございます。

　⑤ 売店は 6 階でございます。　⑥ 自動販売機はあちらでございます。

4.【情報提供：N にございます】

　① プールは 3 階にございます。　② 会議室は 8 階にございます。

　③ 売店は 6 階にございます。　④ レストランは 12 階にございます。

5.【情報提供：N がございます】

　① 自動販売機がございます。　② 信号がございます。

　③ 売店がございます。　④ カウンターがございます。

応用練習　（p.59）

お客さまに場所を聞かれた時は、まず返答してから、＜プールはどこにあるかの 情報提供 ＋ どうやって

いくかの お願い ＋行き方の お願い ＋場所の詳しい 情報提供 ＞の順で案内します。

□「あそこ」、「そこ」、「ここ」は、「あちら」「そちら」「こちら」などと丁寧に言うことができましたか。

□手で示しながら案内することができましたか。

※④では、エレベーター、エスカレーター、階段などの利用を お願い できましたか。「右側にＮがございます。」、「左側にＮがございます。」、「正面にＮがございます。」などの場所の 情報提供 をすることも大切です。

セクション2

基本練習 （p.64）

1.【おもてなしのフレーズ】
　①お部屋までご案内します。　②こちらへどうぞ。　③ごゆっくりお過ごしください。
　④（では、）失礼いたします。

2.【誘導：行動表明＋誘導】
　①エレベーターまでご案内します。こちらへどうぞ。
　②2階の「華寿司」までご案内します。こちらへどうぞ。
　③ビジネスセンターまでご案内します。こちらへどうぞ。

3.【誘導：エレベーターの乗り降り】
　ステップ1：乗る時も降りる時もお客さまが先です。お客さまが多い時は、スタッフが先に乗り、すぐに操作盤の前に立ち、ドアが閉まらないように手で押さえます。
　ステップ2：エレベーターに乗ったら、行き先のボタンを押し、行き先の階を言います。
　ステップ3：降りる時もお客さまが先です。お客様が降りるまでドアを手で押さえます。
　①ビジネスセンターは8階でございます。　②ジムは6階でございます。
　③お客さまのお部屋は12階でございます。（お客さまの部屋番号はほかの人も乗っているので、言いません。）

4.【誘導：部屋への案内】p.61を確認しましょう。
　例）「今日もいいお天気ですね。」、「○○はいかがでしたか。」などと言い、お客さまと会話を続けましょう。また、「お庭に行かれましたか。桜がきれいに咲いています。」などと、ホテル内の情報やホテル周辺の情報を伝えることもいいでしょう。

5.【行動表明：ご(お)＋漢語（V-する）】
　①ご連絡します　②ご紹介します　③ご確認します　④お電話します
※③接客業では習慣的に「ご」をつけずに「確認いたします」（「します」の謙譲語）と言うことも多いです。また、④の電話は「お」がつくので、気をつけましょう。

6.【お願い：お＋V-ます＋ください】
　①ごゆっくりおくつろぎください。　②ごゆっくりお休みください。
　③ごゆっくりお楽しみください。　④ごゆっくりお召し上がりください。

応用練習 （p.65）

誘導は、＜案内する 行動表明 ＋誘導 ＋場所の 情報提供 ＋誘導 ＋目的地に着いたことを知らせる 情報提供 ＞の順でします。笑顔で誘導しましょう。お客さまがエレベーターに乗る時と降りる時には、しっ

かりエレベーターのドアを押さえて、お客さまがドアに当たらないように気をつけましょう。

□ 目的地まで、行く方向を指し示しながら、お客さまのななめ前を歩くことができましたか。

□ 目的地に着いた時、「こちらが○○でございます」と 情報提供 することができましたか。

□ 最後にゆっくり過ごしてもらう お願い を言ってから あいさつ をすることができましたか。

※ ③は、基本練習の3.（p.64）がヒントです。

まとめ問題 （pp.66～67）

1. ① 失礼いたします　② あちらでございます　③ ご案内します　④ こちらへどうぞ

　　⑤ ごゆっくりお過ごしください

2. スタッフ：いらっしゃいませ。

　　お客さま：すみません、①自動販売機／②喫煙所／③売店／④会議室はどこですか。

　　スタッフ：あちらでございます。

※ 目的の物、場所があるほうに手を少し高く上げて指し示しながら「あちらでございます」と言います。

3. ホテルの例）

　　お客さま：すみません。スパはありますか。

　　スタッフ：はい、スパはあちらにございます。ご案内します。こちらへどうぞ。［誘導する］

※ お客さまがわかるところまで、一緒に誘導すると丁寧です。

　　デパートの例）

　　お客さま：すみません。本屋はありますか。

　　スタッフ：はい、ございます。本屋は3階にございます。あちらのエレベーターをご利用ください。
　　　　　　　エレベーターを降りて、まっすくお進みください。3階の奥に本屋がございます。

※「どこにあるかの 情報提供 ＋ どうやっていくかの お願い ＋ 行き方の お願い ＋ 詳しい場所の 情報提供 」で伝えます。

4. ① お客さまのななめ前を歩いて、手で方向を示しながら、お客さまの歩くスピードに合わせて歩けましたか。

　　② スタッフ：お客さま、お部屋までご案内します。こちらへどうぞ。［エレベーターにお客さまを
　　　　　　　　先に乗せる］（エレベーターの中で）お客さまのお部屋は8階でございます。
　　　　　　　　［お客さまを先にエレベーターから降ろす］こちらでございます。
　　　　　　　　［手で方向を指しながら、お客さまのななめ前を歩いて部屋の前まで行く］こちらが
　　　　　　　　お部屋でございます。どうぞ。ごゆっくりお過ごしください。

　　※ 誘導する時は、お客さまと天気や観光地、お客さまが行ったところなどの話をしましょう。

5. □ お客さまを案内する時に、＜どこにあるかの 情報提供 ＋ どうやって行くかの お願い ＋ 行き方の
　　 お願い ＋ 詳しい場所の 情報提供 ＞の順に伝えることができましたか。

　　□ 案内がわかりやすくなるよう、手で指し示しながら話すことができましたか。

　　この課では、お客さまの要望に対して、十分に「心配り」をして案内したり、誘導したりすることが大切だということを学びました。上手にできるようになったら、録画してポートフォリオを作りましょう。

6. 勉強する前とした後で、何か変わりましたか。理解できるようになったことは、どんなことですか。

第4課　相手を思う心

基本練習 （p.74）

1.【おもてなしのフレーズ】

① かしこまりました。　② どのようなお食事がよろしいでしょうか。　③ いってらっしゃいませ。

2.【確認】

① 例1） どのようなところがよろしいでしょうか。
　例2） 神社やお寺などはお好きでしょうか。
　例3） お時間はどのくらいございますか。

② 例1） お子さまは、どのようなお食事がよろしいでしょうか。ハンバーグなど、お好きでしょうか。
　例2） 嫌いな食べ物はございますか。
　例3） どちらのほうへ行かれますか。

③ 例1） どのようなお食事がよろしいでしょうか。ご予算はどのくらいでしょうか。
　例2） 本日は、どちらのほうに行かれますか。
　例3） アレルギーなどございますか。

3.【尊敬形】

① よくコーヒーを飲まれますか。　② もう使われましたか。　③ あまり新聞は読まれませんか。
④ 昨日、こちらに来られましたか。

4.【情報提供：お＋和語＋いただけます／ご＋漢語＋いただけます】

① お楽しみいただけます　② お使いいただけます　③ お試しいただけます
④ お休みいただけます　⑤ ご乗車いただけます　⑥ ご確認いただけます

応用練習 （p.75）

お客さまの要望にそえるように、「散歩はどちらのほうに行くのか」、「どんなお昼ご飯を食べたいのか」、「予算はどのくらいなのか」、「時間はどのくらいあるのか」などを確認しながら聞きましょう。

□ 確認の後、お客さまの返答に承知したことを伝えることができましたか。

□ お客さまの要望に応えるため、＜ 確認 ＋ 承知 ＋ 確認 ＋ 提案 ＋ 条件提示 ＋ 情報提供 ＞の順で話すことができましたか。

□ 最後に見送る時の あいさつ 「いってらっしゃいませ [同時礼]」を、おじぎと笑顔を忘れずに言うことができましたか。

基本練習 （p.80）

1.【おもてなしのフレーズ】

① もしよろしければ　② 少々お待ちください。

2.【一歩進んだ応対：ご＋Ｖ-する／お＋Ｖ-ます＋いたしましょうか】

① スタッフ：もしよろしければ、タクシーをお呼びいたしましょうか。
② スタッフ：もしよろしければ、地図をお書きいたしましょうか。

③ スタッフ：もしよろしければ、お調べいたしましょうか。

④ スタッフ：もしよろしければ、地図をお持ちいたしましょうか。

⑤ スタッフ：もしよろしければ、お席が空いているか確認いたしましょうか。

※ ①～④は、文法的には二重敬語になりますが、接客場面では習慣的に使われることが多いです。（pp.18～19）

3.【一歩進んだ応対：提案の 前置き ＋ 提案】

例１）もしよろしければ、かさをお持ちいたしましょうか。（雨が降っている時）

例２）もしよろしければ、地図をお持ちいたしましょうか。（歩いて行くことができる時）

例３）もしよろしければ、タクシーをお呼びいたしましょうか。（けがなどで歩くのが大変そうな時）

※ 文法的には二重敬語になりますが、接客場面では習慣的に使われることが多いです。（pp.18～19）

4.【提案：N ＋にございますが…】

① スタッフ：駅の近くにございますが…。

② スタッフ：歩いてすぐのところにございますが…。

③ スタッフ：8 階にございますが…。

④ スタッフ：地下1 階にございますが…。

⑤ スタッフ：コンビニの右側にございますが…。

⑥ スタッフ：郵便局の左側にございますが…。

5.【情報提供 ＋ようです】

① タクシーはあと5 分ほどで来るようです。

② 今でしたら、お部屋は十分に空いているようです。

③ 今でしたら、ご利用可能のようです。

④ 予約がいっぱいのようです。申し訳ございません。

※ お客さまには「今だったら」ではなく、「今でしたら」と丁寧に言いましょう。

※「利用可能」は N ですから「ご利用可能の」に「ようです」がつきます。「いっぱい」も N です。

応用練習 （p.81）

一歩進んだ応対は、＜提案の 前置き ＋ 提案＞ですることができます。お客さまの要望が特にない場合でもスタッフは状況を考え、お客さまの気持ちを察し、提案 します。

□ お客さまの要望について、まず 確認 することができましたか。

□ 確認 した条件に合う 提案 ができましたか（お客さまの要望→＜確認 ＋ 提案 or 情報提供 ＞）。

□ 一歩進んだ応対をすることができましたか。

□ お客さまがその 提案 を受け入れたら、「かしこまりました。少々お待ちください」と＜承知 ＋ お願い ＞の順に伝えることができましたか。

※ ③の B. では、お客さまに選んでもらえるようにいくつか 提案 しましょう。基本練習の4.（p.80）がヒントです。C. は基本練習の2.（p.80）、D. は基本練習の5.（p.80）がヒントです。

まとめ問題 （pp.82～83）

1. ① もしよろしければ　② かしこまりました　③ 少々お待ちください

　　④ どのようなお食事がよろしいでしょうか　⑤ いってらっしゃいませ

2. ① どんな食事か、何人で行くのか、予算はいくらか、和食か洋食か、お酒は飲むかなどを確認します。

例１）どんなお食事がよろしいですか。／どんなお食事がお好きですか。

例２）何名さまでいらっしゃいますか。

例３）ご予算は、どのくらいでしょうか。

例４）和食がよろしいですか。洋食がよろしいですか。

例５）お酒は召し上がりますか。

② 近くのレストラン、人気の寿司屋さんなど、要望に合うものをいくつか提案します。

例１）和食でしたら、近くにおいしいお店や人気のお寿司屋さんもございますが、いかがでしょうか。

例２）すぐ近くにレストランがございます。歩いて１０分ぐらいのところにカレー屋さんもございます。

3. ① ジムまで案内したり、予約したりするなどの提案ができます。

例１）よろしければ、ご案内いたしましょうか。

例２）よろしければ、予約いたしましょうか。

② タクシーを呼んだり、バスの時間を調べたりするなどの提案ができます。

例１）よろしければ、タクシーをお呼びいたしましょうか。

例２）よろしければ、バスのお時間をお調べいたしましょうか。

③ 店が開いているか確認したり、席の予約をしたりするなどの提案ができます。

例１）よろしければ、まだお店が開いているか確認いたしましょうか。

例２）よろしければ、予約をいたしましょうか。

※ ①、②の例は、文法的には二重敬語になりますが、接客場面では習慣的に使われることが多いです。

（pp.18 ～ 19）

4. 例）お待たせいたしました。レストランは22時まで開いているようです。もしよろしければ、お席が空いているか確認いたしましょうか。

5. □ お客さまの気持ちを察して＜ 確認 ＋ 提案 or 情報提供 ＞をすることができましたか。お客さまのお願いや要望がなくても察して 提案 や 情報提供 をすることが一歩進んだ応対です。

□ お客さまが一歩進んだ応対を受け入れた時に、＜ 承知 ＋ お願い ＞で応対することができましたか。この課では、お客さまの要望について 確認 し、一歩進んだ応対をすることで、スタッフの「相手を思う心」をお客さまに伝えることができると学びました。上手にできるようになったら、録画してポートフォリオを作りましょう。

6. 勉強する前とした後で、何か変わりましたか。理解できるようになったことは、どんなことですか。

迅速な応対

基本練習 （p.90）

1.【おもてなしのフレーズ】

① お待ちしておりました。　② 少々お待ちいただけますでしょうか。　③ お待たせいたしました。

④ ご案内いたします。

2.【理由 ＋ お願い】

① すぐにお部屋のご用意をいたしますので、少々お待ちいただけますでしょうか。

② すぐに商品の確認をいたしますので、少々お待ちいただけますでしょうか。

③ すぐにお席へご案内いたしますので、少々お待ちいただけますでしょうか。

④ すぐに係のものを呼びますので、少々お待ちいただけますでしょうか。

⑤ すぐに番号をお調べいたしますので、少々お待ちいただけますでしょうか。

⑥ すぐにお部屋までお持ちいたしますので、少々お待ちいただけますでしょうか。

※ ④は、係の人（スタッフ）を呼ぶので、「呼びますので」を使います。お客さまを呼ぶ時は、「お呼びいたします」と言いましょう。また、①・③・⑤・⑥は、文法的には二重敬語になりますが、接客場面では習慣的に「お＋V－ます＋いたします」を使うことが多いです。

3.【迅速な応対】

① お客さま：できれば新しいものと取り替えてほしいんですけど…。

　 スタッフ：かしこまりました。ただいま準備いたしますので、少々お待ちくださいませ。

② お客さま：できればアイロンを使いたいんですけど…。

　 スタッフ：かしこまりました。ただいまご用意いたしますので、少々お待ちくださいませ。

③ お客さま：できれば近くのジムが知りたいんですけど…。

　 スタッフ：かしこまりました。ただいま確認いたしますので、少々お待ちくださいませ。

④ お客さま：できればメニューがほしいんですけど…。

　 スタッフ：かしこまりました。ただいまお持ちいたしますので、少々お待ちくださいませ。

⑤ お客さま：できればタクシーに乗りたいんですけど…。

　 スタッフ：かしこまりました。ただいまタクシーをお呼びいたしますので、少々お待ちくださいませ。

⑥ お客さま：できれば席は窓側がいいんですけど…。

例）スタッフ：かしこまりました。ただいまご用意いたしますので、少々お待ちくださいませ。

（「準備いたします」、「確認いたします」など）

※ 「準備」と「確認」には「ご」がつきませんが「用意」などには「ご」がつきます。②・④・⑤・⑥は、文法的には二重敬語ですが、接客ビジネスで習慣的に使われることが多いです。

応用練習 （p.91）

要望には＜ 承知 ＋ 迅速な応対 （ 理由 ＋ お願い ）＋ 行動報告 ＋ 行動表明 ＋ 誘導 ＞の順で応対します。

□ まず笑顔で「いらっしゃいませ」とお客さまを迎えることができましたか。

□ 要望に対して「かしこまりました」とすぐ 承知 の返事をして、「すぐに準備いたしますので（ 理由 ）、

少々お待ちいただけますでしょうか（ お願い ）。」と迅速な応対ができましたか。

☐ お客さまを待たせた後、「（大変）お待たせいたしました。」と 行動報告 ができましたか。

☐ 誘導 の前に、これから案内するという 行動表明 ができましたか。

※ ③の A. は、要望を自由に伝えましょう。B. は基本練習の 2.（p.90）、C. と D. は基本練習の 3.（p.90）がヒントになります。A. の要望にあった B.、C.、D. を考えましょう。

セクション2

基本練習 （p.96）

1.【おもてなしのフレーズ】

① お電話ありがとうございます。○○でございます。　② （では、）すぐに確認いたします。

③ 恐れ入りますが

2.【迅速な応対】

① お客さま：<u>子ども用のいす（を）使い</u>たいんですけど…。

　スタッフ：かしこまりました。では、すぐ<u>ご用意</u>いたします。

② お客さま：<u>4 時から会議室（を）使い</u>たいんですけど…。

　スタッフ：かしこまりました。では、すぐ<u>予約</u>いたします。

③ お客さま：<u>アイロン（が）ほしい</u>んですけど…。

　スタッフ：かしこまりました。では、すぐ<u>お持ち</u>いたします。

④ お客さま：<u>予約（を）変え</u>たいんですけど…。

　スタッフ：かしこまりました。では、すぐ<u>変更</u>いたします。

※ ②と④には、「ご」がつきません。文法的に「ご予約」や「ご変更」は、尊敬語として使い、謙譲語としては使いません。①、③は、文法的には二重敬語になりますが、接客場面では習慣的に使われることが多いです。（pp.18 〜 19）

3.【迅速な応対： 前置き ＋ 行動表明 】

① それでは、すぐに<u>お調べして、お電話</u>いたします。

② それでは、すぐに<u>確認して、ご報告</u>いたします。

③ それでは、すぐに<u>ご用意して、お部屋までお持ち</u>いたします。

※ 文法的には二重敬語になりますが、接客場面では習慣的に使われることが多いです。（pp.18 〜 19）

4.【 EQ ： N は、N ですね】

① お客さま：<u>部屋</u>は <u>884</u> です。

　スタッフ：<u>お部屋</u>は <u>884</u> ですね。

② お客さま：<u>座席</u>は <u>34C</u> です。

　スタッフ：<u>お座席</u>は <u>34C</u> ですね。

③ お客さま：<u>住所</u>は<u>東京都杉並区城西 2-1-4</u> です。

　スタッフ：<u>ご住所</u>は<u>東京都杉並区城西 2-1-4</u> ですね。

5.【お願いの 前置き ＋お＋和語／ご＋漢語＋をお願いします】

① 恐れ入りますが、<u>お名前とご住所</u>をお願いします。

② 恐れ入りますが、<u>お名前とご予約のお日にち</u>をお願いします。

③ 恐れ入りますが、<u>ご確認</u>をお願いします。

④ 恐れ入りますが、お名前のご記入をお願いします。

※ お客さまがすることなので、③の「確認」にも「ご」がつきます。尊敬語の時には「確認」や「予約」に「ご」をつけるので気をつけましょう。

応用練習　（p.97）

□ 電話がかかってきた時に、「お電話ありがとうございます。○○でございます。」とあいさつできましたか。

□ お客さまの要望に対して＜では、すぐに＋ 行動表明 ＋ 前置き ＋ お願い ＞で応対できましたか。

□ お客さまに情報を聞く時に、「恐れ入りますが」と 前置き を言ってからお願いできましたか。

□ お客さまの返答に＜ 承知 ＋それではすぐに＋ 行動表明 ＞で応対できましたか。

※ ③の A.・B. は基本練習の 2.（p.96）が、C. は基本練習の 3.（p.96）がヒントです。A. のお客さまの要望に対して B.、C. を考えましょう。

まとめ問題　（pp.98〜99）

1. ① お電話ありがとうございます　② すぐに確認いたします　③ 恐れ入りますが、

　　④ 少々お待ちいただけますでしょうか　⑤ お待ちしておりました

2. 例）お客さま：すみません、予約を変えたいんですけど…。

　　　　スタッフ：かしこまりました。では、すぐに確認いたします。

　　　　　　　　恐れ入りますが、お名前／ご予約番号をお願いします。

3. ① 例）スタッフ：かしこまりました。すぐにお調べいたしますので、少々お待ちくださいませ。

　　② 例）スタッフ：かしこまりました。すぐにお持ちいたしますので、少々お待ちくださいませ。

　　③ 例）スタッフ：かしこまりました。すぐにお席の準備をいたしますので、少々お待ちいただけますでしょうか。

　　④ 例）スタッフ：かしこまりました。すぐに確認いたしますので、少々お待ちくださいませ。

　　⑤ 例）スタッフ：かしこまりました。すぐにお持ちいたしますので、少々お待ちくださいませ。

※ ①・②・⑤は、文法的には二重敬語になりますが、接客場面では習慣的に使われることが多いです。

　（pp.18〜19）

4. □ お客さまの要望に対して＜ 承知 ＋ 行動表明 ＋お願いの 前置き ＋お客さまの情報を聞く お願い ＞の順で応対できましたか。

　　□ お客さまから情報を聞いた時、忘れずに EQ ができましたか。

　　この課では、お客さまの要望に迅速に、正確に応えるための EQ などを学びました。お客さまから聞いた情報は、必ず EQ しましょう。上手にできるようになったら、録画してポートフォリオを作りましょう。

5. 勉強する前とした後で、何か変わりましたか。理解できるようになったことはどんなことですか。

第6課　寄りそう心

セクション1

基本練習　（p.106）

1.【おもてなしのフレーズ】

① 何かございましたか。　② そうでしたか。大変申し訳ございませんでした。

③ よろしければ、もう少しお話をうかがえませんか。

④ さようでございますか。大変申し訳ございませんでした。

⑤ 貴重なご意見をありがとうございました。

2.【うかがい：Nはいかがでしたか】

① 例）お食事（ワイン／景色／お料理　など）はいかがでしたか。

② 例）お部屋（お部屋のサイズ／ベッド／景色　など）はいかがでしたか。

3.【傾聴】

① スタッフ：バーはいかがでしたか。

　　お客さま：それがさ、ちょっとね…。

　　スタッフ：何かございましたか。よろしければ、もう少しお話をうかがえませんか。

② スタッフ：お散歩はいかがでしたか。

　　お客さま：それがさ、ちょっとね…。

　　スタッフ：何かございましたか。よろしければ、もう少しお話をうかがえませんか。

③ スタッフ：レストランはいかがでしたか。

　　お客さま：それがさ、ちょっとね…。

　　スタッフ：何かございましたか。よろしければ、もう少しお話をうかがえませんか。

4.【共感 ＋ 謝罪】

　　例）お客さま：味は良かったんだけど、サービスが悪くて…。

　　　　スタッフ：そうでしたか。大変申し訳ございませんでした。

5.【共感】

　　例）お客さま：案内してくれたジム（そば屋／寿司屋／美術館　など）、よかったよ。

　　　　スタッフ：さようでございますか。

応用練習　（p.107）

「寄りそう心」を伝えるためには、傾聴と 共感 が大切です。

□ お客さまに案内したところはどうだったか、「Nはいかがでしたか。」と うかがい ができましたか。

□ お客さまの不満そうな表情を見て、「何かございましたか。」とすぐに傾聴（ 確認 ）して寄りそうことができましたか。

□ お客さまの不満について、＜ 共感 ＋ 謝罪 ＞で謝ることができましたか。（ 謝罪 を言う前に 共感 を伝えることで、お客さまに寄りそっていることを示し、心が伝わる 謝罪 をすることができます。）

□ 「よろしければ、もう少しお話をうかがえませんか。」と＜お願いの 前置き ＋ お願い ＞を使って、お客さまに詳しく話を聞くことができましたか。

□ お客さまがもっと不満や意見を言ってきた時に、もう一度＜共感＋謝罪＞を言ってから最後に意見をもらったことに対して感謝を伝えることができましたか。

※ ③の A. は、基本練習の2・3. (p.106) がヒントです。B. はお客さまになって考えてみましょう。よかった感想を1つ、不満を2つ、「〜けど、〜し、〜くて。」の文型で言いましょう。C. もお客さまの気持ちになって、「〜くて、それに〜。」の文型で不満を言いましょう。

セクション2

基本練習 （p.112）

1.【おもてなしのフレーズ】
① ご迷惑をおかけし、大変申し訳ございませんでした。　② 申し訳ございません。
③ 大変申し訳ございません。　④ さようでございましたか。大変申し訳ございませんでした。

2.【理由＋謝罪】
① ご面倒をおかけし、大変申し訳ございませんでした。
② ご不便をおかけし、大変申し訳ございませんでした。
③ 長らくお待たせし、大変申し訳ございませんでした。
④ ご不快な思いをさせてしまい、大変申し訳ございませんでした。

3.【謝罪＋行動表明：Nは、すぐにVいたします】
① 大変申し訳ございません。お履物は、すぐに代わりを準備いたします。
② 大変申し訳ございません。お食事は、すぐに新しいものをご用意いたします。

※ くつは「お履物」、服は「お召し物」になります。②は、文法的には二重敬語になりますが、接客場面では習慣的に使われることが多いです。(pp.18〜19)

4.【寄りそう心：クレームを聴く】
① 例）本日は、こちらの不注意でご迷惑をおかけし、大変申し訳ございませんでした。
② 例）大変申し訳ございません。すぐに新しいものをご用意いたします。
③ 例）さようでございましたか。大変申し訳ございませんでした。[最敬礼]

※ ②は、文法的には二重敬語になりますが、接客場面では習慣的に使われることが多いです。(pp.18〜19)

応用練習 （p.113）

この会話で大切なのは、さまざまな謝罪です。
□ お客さまからクレームに対して、まず＜理由＋謝罪［最敬礼］＞ができましたか。
□ お客さまの不満に対して、何度も謝罪をすることができましたか。
□ ただ謝罪するだけではなく、これからどうするのか行動表明をすることができましたか。
□ お客さまのクレームを聴き、それに共感してからもう一度、深く謝罪し、最敬礼ができましたか。

※ ②は、まず、どんな場面か考えましょう。A. と C. のクレームは、お客さまの気持ちになって言ってみましょう。B. は、基本練習の3. (p.112) がヒントになります。

まとめ問題 （pp.114〜115）

1. ① ご迷惑をおかけし、大変申し訳ございませんでした

② 何かございましたか

③ よろしければ、もう少しお話をうかがえませんか

④ 貴重なご意見をありがとうございました

⑤ さようでございましたか

2. ①「何かございましたか。」「お話をうかがえませんか。」　など

　②「そうでしたか。」、「さようでございましたか。」　など

　③「貴重なご意見をありがとうございました。」　など

　④「こちらの不注意でご迷惑をおかけし、大変申し訳ございませんでした。」　など

　⑤「こちらの不注意でご迷惑をおかけし （理由）、大変申し訳ございませんでした （謝罪）。すぐ
　　にタオルをお持ちいたします （行動表明）。」　など

3. ①「こちらの不注意でご迷惑をおかけし、大変申し訳ございませんでした。すぐにタオルをお持ち
　　いたします。」　など

　②「ご不快な思いをさせてしまい、大変申し訳ございませんでした。すぐに新しいものをお持ち
　　いたします。」　など

　③「ご不快な思いをさせてしまい、大変申し訳ございませんでした。すぐに掃除いたします。」　など

　④「こちらの不注意でご迷惑をおかけし、大変申し訳ございませんでした。すぐにお席を準備いた
　　します。」　など

※ ①、②は、文法的には二重敬語になりますが、接客場面では習慣的に使われることが多いです。(pp.18
　～ 19)

4. □ お客さまにすすめたツアーがどうだったか うかがい 、あいまいな返答に「何かございましたか。」
　　と 確認 することができましたか。

　□ お客さまの不満にまず＜ 共感 ＋ 謝罪 ＞をし、「よろしければ、もう少しお話をうかがえません
　　か。」と傾聴の態度を示すことができましたか。

　□ お客さまの詳しい不満の説明に、もう一度＜ 共感 ＋ 謝罪 ＞をしてから、「貴重なご意見をあり
　　がとうございました。」と 感謝 の言葉を言うことができましたか。

　　この課では、お客さまの不満に対して、傾聴と 共感 で「寄りそう心」を示すことを学びました。お
　客さまの不満は、お客さまの満足度を上げるチャンスです。上手にできるようになったら、録画し
　てポートフォリオを作りましょう。

5. 勉強する前とした後で、何か変わりましたか。理解できるようになったことは、どんなことですか。

第 7 課　**柔軟な応対**

セクション1

基本練習　（p.122）

1.【おもてなしのフレーズ】
　① 確認いたしますので、少々お待ちください。　②申し訳ございませんが、あいにく
　③いかがでしょうか。　④すぐにご案内いたします(ので)

2.【断りの 前置き （謝罪）＋断りの 前置き ＋ 断り 】

① 申し訳ございませんが、あいにく5時は予約がいっぱいでございます。

② 申し訳ございませんが、あいにくダブルのお部屋は満室でございます。

③ 申し訳ございませんが、あいにくルームサービスは10時まででございます。

3.【代案1＋もしくは＋代案2でしたら】

① 例）4時から、もしくは6時からでしたら、ご案内できます。いかがでしょうか。

② 例）少し広めのお部屋、もしくはツインのお部屋でしたら、ご用意できます。いかがでしょうか。

③ 例）あちらのコンビニ、もしくは8階のバーでしたら、開いております。いかがでしょうか。

4.【条件提示＋理由（行動表明）】

① では、お席が空きましたら、すぐにご案内いたしますので、少々お待ちください。

② では、用意ができましたら、すぐにご案内いたしますので、少々お待ちください。

③ では、タクシーが参りましたら、すぐにお呼びいたしますので、少々お待ちください。

④ では、確認できましたら、すぐにお知らせいたしますので、少々お待ちください。

※ 文法的には二重敬語になりますが、接客場面では習慣的に使われることが多いです。(pp.18〜19)

5.【お願い】

① お部屋でお待ちください。　② お部屋にお持ちください。　③ フロントまでお電話ください。

④ こちらでお書きになってお待ちください。　⑤ こちらをお使いください。

⑥ そちらをご確認ください。

応用練習 （p.123）

できないことははっきり断り（誠実な応対）、代案を伝えること（柔軟な応対）が大切です。

□ お客さまの要望に対して、＜理由＋お願い＞で待ってもらえましたか。

□ お客さまの要望に応えられない時に、「申し訳ございませんが、あいにく〜でございます。」と、＜断りの前置き（謝罪）＋断りの前置き＋断り＞の形ではっきり断りを言えましたか。

□ 断った後に＜代案1＋もしくは＋代案2でしたら＋うかがい＞で代案を伝え、選んでもらえるようにうかがいができましたか。

※ ②のA.は基本練習の2.（p.122）、C.は基本練習の3.（p.122）、E.は基本練習の4.（p.122）がヒントです。

セクション2

基本練習 （p.128）

1.【おもてなしのフレーズ】

① いかがでしょうか。　② もしよろしかったら　③ 必要であればお申しつけください。

2.【相手を思う心】

① 例1）はい、ございますが、どのようなお食事をご希望でしょうか。

例2）はい、たくさんございますが、和食はお好きでしょうか。　よろしければ、予約いたしますが…。

② 例1）はい、ございますが、ご予約をご希望でしょうか。

例2）はい、ございますが、まだ開いているか、お調べいたしましょうか。

※ 「相手を思う心」の確認は第4課の「セクション1」で学びましたね。ふりかえりましょう。

3.【提案の前置き（それでしたら、）＋提案1＋し＋提案2】

① それでしたら、天ぷら屋もございますし、おすし屋さんもございます。

② それでしたら、近くに居酒屋もございますし、バーもございます。

※ お客さまの要望に対して、柔軟に提案しましょう。提案は、お客さまに選んでもらえるようにいくつかしましょう。

4.【誠実な応対】

① 例）ホテルから歩いて 15 分ぐらいのところで、お魚も新鮮ですが、いかがでしょうか。

② 例）そちらは夜遅くまで開いておりますが、いかがでしょうか。

5.【一歩進んだ応対：提案の 前置き ＋ 提案 】

① 例）もしよろしかったら、タクシーをお呼びいたしましょうか。

② 例）もしよろしかったら、何時まで開いているか確認いたしましょうか。

※「一歩進んだ応対」は、第4課の「セクション2」で学びましたね。ふりかえりましょう。①は、文法的には二重敬語になりますが、接客場面では習慣的に使われることが多いです。(pp.18 ～ 19)

応用練習 （p.129）

☐ お客さまの要望に対して一番いい提案をするために、まず 確認 ができましたか。

☐ 提案をする時には、< 前置き ＋ 提案1 ＋ し、＋ 提案2 ＋ 情報提供 ＋ うかがい >の順で、柔軟に応対できましたか。（お客さまに選んでもらえるように、いくつか 提案 することが柔軟な応対です。）

※ ③の A.はお客さまになって、どのような要望があるか考えてみましょう。B.、C.は基本練習の 3.（p.128）、D.は基本練習の 4.（p.128）がヒントになります。

まとめ問題 （pp.130 ～ 131）

1. ① 確認いたしますので、少々お待ちください　② お申しつけください

   ③ すぐにご案内いたしますので、　④ 申し訳ございませんが、　⑤ あいにく　⑥ いかがでしょうか

2. ① 例）申し訳ございませんが、あいにく通路側は満席となっております。

   窓側の席、もしくは、入り口に近いお席でしたらご用意できますが、いかがでしょうか。

   ② 例）申し訳ございませんが、あいにく焼酎はございません。

   日本酒、もしくは、ウイスキーでしたらございますが、いかがでしょうか。

   ③ 例）申し訳ございませんが、こちらの飛行機は（フライトが）キャンセルになりました。

   夜の便、もしくは、明日の便でしたらご予約いただけますが、いかがでしょうか。

   ④ 例）申し訳ございませんが、あいにくこちらの商品は品切れでございます。

   こちらのＬサイズ、もしくは、色違いのものでしたらご用意できますが、いかがでしょうか。

3. ① 例）

   スタッフ：申し訳ございませんが、あいにく通路側は満席となっております。
   　　　　　窓側の席、もしくは、入り口に近いお席でしたらご用意できますが、いかがでしょうか。

   お客さま：じゃあ、窓側にしようかな。

   スタッフ：かしこまりました。すぐにご用意しますので、少々お待ちください。

   ※ 話し合いの例：「スタッフはすぐに対応してくれましたか？」「提案に満足できましたか？」など

   ② 例）

   スタッフ：申し訳ございませんが、あいにく焼酎はございません。日本酒、もしくはウイスキーで

したらございますが、いかがでしょうか。

お客さま：じゃあ、日本酒にしようかな。

スタッフ：かしこまりました。すぐにお持ちしますので、少々お待ちください。

③ 例)

スタッフ：申し訳ございませんが、こちらの飛行機はフライトがキャンセルになりました。夜の便、
もしくは明日の便でしたらご予約いただけますが、いかがでしょうか。

お客さま：じゃあ、明日の便にしようかな。

スタッフ：かしこまりました。すぐに予約いたしますので、少々お待ちください。

④ 例)

スタッフ：申し訳ございませんが、あいにくこちらの商品は品切れでございます。こちらのLサイズ、
もしくは色違いのものでしたらご用意できますが、いかがでしょうか。

お客さま：じゃあ、色違いにしようかな。

スタッフ：かしこまりました。すぐにご用意しますので、少々お待ちください。

4. □ お客さまの要望に対してまず＜ 情報提供（いくつかある） ＋ 確認 ＞し、そのあと＜ 前置き ＋
提案1 ＋ し、＋ 提案2 ＋ 情報提供 ＋ うかがい ＞の順で応対できましたか。

□ お客さまの質問に対して、＜ 提案 ＋ 一歩進んだ応対 ＞もできましたか。

□ お客さまが後で頼みやすいように、申しつけの お願い を言うこともできましたか。

この課では、お客さまのあいまいな要望を 確認 して、いくつか 提案 することで、柔軟な応対ができ
るようになることを学びました。上手にできるようになったら、録画してポートフォリオを作りましょ
う。

5. 勉強する前とした後で、何か変わりましたか。理解できるようになったことは、どんなことですか。

第8課 誠実な心

セクション1

基本練習 （p.138）

1.【おもてなしのフレーズ】

① かしこまりました。お調べいたしますので、少々お待ちください。

② お待たせいたしました。　③あいにく～がございません。申し訳ございません。　④もしくは

2.【誠実な応対：断りの 前置き ＋ 断り ＋ 謝罪 】

①お客さま：A. 会議室を借りたいんですけど…。

スタッフ：かしこまりました。お調べいたしますので、少々お待ちください。

[待たせた後]大変お待たせいたしました。あいにく B. 空いている会議室がございません。
申し訳ございません。

②お客さま：A. Mac のノートパソコンを借りたいんですけど…。

スタッフ：かしこまりました。お調べいたしますので、少々お待ちください。

[待たせた後]大変お待たせいたしました。あいにく B. お取り扱いがございません。
申し訳ございません。

③お客さま：A. ルームサービスでハーブティーが飲みたいんですけど…。

　スタッフ：かしこまりました。お調べいたしますので、少々お待ちください。

　　　　　　[待たせた後] 大変お待たせいたしました。あいにく B. ご用意しておりません。

　　　　　　申し訳ございません。

3.【柔軟な応対】

① 例）少し狭いお部屋でしたらご用意できますが…。もしくは、30分後でしたら、ご案内できますが、
　いかがでしょうか。

② 例）ほかの店にあるか確認いたしましょうか。もしくは、Windowsならご用意できますが、いか
　がでしょうか。

③ 例）紅茶、もしくは、コーヒーでしたらご用意できますが、いかがでしょうか。

4.

「お」がつく言葉	「ご」がつく言葉	何もつかない言葉
お名前、お電話番号、お席、お部屋、お車、お電話、お財布、お召し物（お洋服）、おかばん	ご住所、ご予約、ご本、ご連絡先	チケット、パスポート携帯電話、切符、パソコン、ペン

※ Nは、和語であれば「お」、漢語であれば「ご」を前につけます。言葉によっては例外もあるので、
　よく使う言葉は、覚えましょう。

応用練習 （p.139）

□ 要望に対して、まず 承知 して、待ってもらう 理由 を伝えて、お願い をすることができましたか。

□ お客さまを待たせた後、「お待たせいたしました」と 行動報告 をして、＜断りの 前置き ＋ 断り ＋ 謝
罪 ＞の順で誠実に断ることができましたか。

□ 断るだけではなく、＜ 代案1 ＋代案の 前置き ＋ 代案2 ＋ うかがい ＞の順で、いくつか提案できま
したか。（代案は、第7課の「セクション1」で学びました。ふりかえってみましょう。）

※ ③のA.・B.は基本練習の2.（p.138）、C.・D.は基本練習の3.（p.138）がヒントです。上手に言え
ましたか。A.・B.は、お客さまの要望と断りです。C.・D.はスタッフの代案です。

セクション2

基本練習 （p.144）

1.【おもてなしのフレーズ】

① 大変申し訳ございません。

② かしこまりました。ご迷惑をおかけし、大変申し訳ございませんでした。

③すぐにお手続きをしますので、おかけになってお待ちください。　④ 手続きが完了いたしました。

⑤ この度は、誠に申し訳ございませんでした。

2.【謝罪】

①ご迷惑をおかけし、大変申し訳ございませんでした。

②ご不快な思いをさせてしまい、大変申し訳ございませんでした。

③せっかくのお時間を台無しにしてしまい、大変申し訳ございませんでした。

3.【 提案1 ＋ 提案2 】

① こちらで新しいものを作らせていただくか、代金を本日お支払いいたします。

② こちらで代金を払わせていただくか、本日修理をいたします。

③ お部屋の掃除をさせていただくか、新しいお部屋を準備いたします。

4.【 承知 ＋ 謝罪の 理由 ＋ 謝罪 → お願いの 理由 ＋ お願い 】

①お客さま：しょうがないなあ。じゃあ、しみ抜きでいいから、早くしみ抜きをして。

　スタッフ：かしこまりました。ご迷惑をおかけし、大変申し訳ございません。

　　　　　　すぐにしみ抜きをいたしますので、少々お待ちください。

②お客さま：しょうがないなあ。じゃあ、部屋の変更でいいから、早く変更をして。

　スタッフ：かしこまりました。ご迷惑をおかけし、大変申しございません。

　　　　　　すぐにお部屋の変更をいたしますので、少々お待ちください。

③例）お客さま：しょうがないなあ。じゃあ、代わりのものでいいから早く用意して。

　スタッフ：かしこまりました。ご迷惑をおかけし、大変申しございません。

　　　　　　すぐにご用意いたしますので、少々お待ちください 。

応用練習 （p.145）

ここでは誠実な心を示すために、お客さまのクレームに対して何度も 謝罪 をしています。最後に深い謝罪で最敬礼をしますが、分離礼をしたほうが丁寧です。

□ お客さまのクレームに対して、＜ 謝罪 ＋ 提案 ＞の順で、誠実に応対できましたか。

□ お客さまに納得してもらえたら、＜ 承知 ＋ 謝罪の 理由 ＋ 謝罪 ＞で謝り、＜お願いの 理由 ＋ お願い ＞の順で待ってもらうように伝えることができましたか。

□ 準備ができたら、＜待ってもらった 行動報告 ＋ 準備ができた 行動報告 ＋ 最後に深い 謝罪 ［最敬礼］＞の順で、迅速に、そして誠実に応対することができましたか。

※ ③の A. はクレームです。どのようなクレームがあるか、考えましょう。B. は、そのクレームに対する提案です。どんな提案ができますか。クレームにあった提案を考えましょう。基本練習の３.(p.144)がヒントです。

まとめ問題 （pp.146～147）

1. ① 手続きが完了いたしました　② ご迷惑をおかけし、申し訳ございませんでした

　③ おかけになってお待ちください　④ この度は、誠に申し訳ございませんでした

2. ① 例）あいにく大きいサイズは在庫がございません。申し訳ございません。

　② 例）あいにくこちらの商品はお取り扱いがございません。申し訳ございません。

　③ 例）大変申し訳ございません。すぐに新しいものをお持ちいたします。

　④ 例）大変申し訳ございません。すぐに新しいものと交換いたします。

3. 表情：ニヤニヤせず（笑わず）、申し訳ない表情をします。謝っているときは、特に気をつけましょう。

　おじぎ：①と②は、在庫がないことについて謝っています。敬礼の同時礼でいいでしょう。しかし、③のアレルギーについては、食べたら命にかかわる大変なことになっていたので、深く謝罪をしましょう。最敬礼、さらに分離礼で謝ると丁寧さが伝わります。

　応対：すぐに提案・代案を立てることができましたか。お客さまが満足できる応対でしたか。

① 例）お客さま：もっと大きいサイズないの？

スタッフ：あいにく大きいサイズは在庫がございません。申し訳ございません。[敬礼]

お客さま：大きいのがほしいんだけどな…。

スタッフ：ほかの店に在庫があるかお調べいたしますので、少々お待ちください。

お客さま：ああ、お願い。

スタッフ：お待たせいたしました。あいにくほかの店にも大きいサイズは、在庫がないようです。もしろしければ、こちらの違うデザインでしたら、大きいサイズがございますが、いかがでしょうか。

お客さま：そうなの？　ああ、じゃあ、それでいいや。

スタッフ：かしこまりました。レジはあちらでございます。この度は、ご不便をおかけし、申し訳ございませんでした。[敬礼]

② 例）お客さま：[雑誌を見せながら] ねえ、この帽子ないの？

スタッフ：あいにくこちらの商品はお取り扱いがございません。申し訳ございません。

お客さま：だって、この店にあるって書いてあるじゃない。

スタッフ：申し訳ございません。もし、よろしければ、ほかの店に在庫があるか確認いたします。もしくは、ほかの色ならございますが、いかがでしょうか。

お客さま：しょうがないな。じゃあ、ほかの色でいいから、見せて。

スタッフ：かしこまりました。お持ちいたしますので、少々お待ちください。[ほかの色の帽子を持ってくる] 大変お待たせいたしました。こちらの色、もしくはこちらの色がございますが、いかがでしょうか。

お客さま：あら、これいいじゃない。

スタッフ：ありがとうございます。この度は、ご不便をおかけし、申し訳ございませんでした。[敬礼]

③ 例）お客さま：すみません。この料理にエビ入ってるよ。

スタッフ：大変申し訳ございません。[最敬礼] すぐに新しいものをお持ちいたしますので、少々お待ちいただけませんか。

お客さま：食べてたら、どうするの？

スタッフ：大変申し訳ございません。今後このようなことがないようにいたします。[最敬礼] 誠に申し訳ございませんでした。[最敬礼]

お客さま：もう、わかったから、早くして。

スタッフ：はい、承知いたしました。少々お待ちください。[最敬礼]
[エビが入っていない料理を持ってくる]

スタッフ：大変お待たせいたしました。こちらでございます。この度は、誠に申し訳ございませんでした。[最敬礼]

④ 例）お客さま：すみません。これ買って帰ったら、割れていたんですけど…。

スタッフ：大変申し訳ございません。すぐに新しいものと交換いたします。申し訳ございませんでした。お怪我はありませんでしたか。

お客さま：はい。同じのでいいから。

スタッフ：はい、かしこまりました。ご迷惑をおかけし、大変申し訳ございませんでした。ただいま代わりのものをお持ちいたしますので、少々お待ちください。

［新しいものを持ってくる］

大変お待たせいたしました。こちらをお持ちいたしました。この度は、誠に申し訳ございませんでした。［最敬礼］

※ 文法的には二重敬語になりますが、接客場面では習慣的に使われることが多いです。(pp.18 ～ 19)

4. □ クレームに対して何度も 謝罪 をして、誠実に応対できましたか。その時、おじぎはできましたか。

□ お客さまの苦情を聴いて、＜もう一度 謝罪 ＋ 提案 ＞をすることができましたか。

□ お客さまに納得してもらえたら、＜ 承知 ＋謝罪の 理由 ＋ 謝罪 ＞で謝り、＜お願いの 理由 ＋ お願い ＞の順で待ってもらうように伝えることができましたか。

□ 最後に、＜待ってもらった 行動報告 ＋準備ができた 行動報告 ＋最後に深い 謝罪 ［最敬礼］＞の順で、迅速に、そして誠実に応対することができましたか。

この課では、お客さまのクレームに対して、何度も 謝罪 をして、誠実に応対する方法を学びました。上手にできるようになったら、録画してポートフォリオを作りましょう。

5. 勉強する前とした後で、何か変わりましたか。理解できるようになったことは、どんなことですか。

＜これだけは、覚えよう！＞

	キーワード	応対の会話のヒント	例
第1課 セクション1	おもてなしの心	・理由 ＋ お願い ・行動報告 ＋ 呼びかけ ＋ 行動表明	・ただいま4名さまのお席がいっぱいですので、こちらにお名前をお書きになってお待ちください。 ・お待たせいたしました。4名さまでお待ちの田中さま、ご案内いたします。
第1課 セクション2	おじぎ	敬礼・分離礼	・大変、申し訳ございません。[敬礼・分離礼]
第2課 セクション1	第一印象	あいさつ ＋ 情報提供 ＋ 自己紹介 ＋ あいさつ	こんにちは。こちらのお部屋を担当いたします、田中と申します。どうぞよろしくお願いいたします。
第2課 セクション2	表情	感謝 ＋ [笑顔] あいさつ ＋ [笑顔でおじぎ]	どうもありがとうございました。[笑顔]いってらっしゃいませ。[笑顔でおじぎ]
第3課 セクション1	ご案内	情報提供 ＋ お願い ＋ 情報提供	プールは本館の地下1階でございます。こちらのエレベーターを降りて、そのまま、まっすぐお進みください。左側にプールの入り口がございます。
第3課 セクション2	誘導	行動表明 ＋ 誘導 ＋ 目的地の 情報提供 ＋ 誘導 ＋ 目的地に着いたことを知らせる 情報提供	では、お部屋までご案内します。こちらへどうぞ。お客さまのお部屋は10階でございます。こちらでございます。こちらがお部屋でございます。どうぞ。
第4課 セクション1	確認	確認 ＋ 条件提示 ＋ 提案 ＋ 条件提示 ＋ 情報提供	どちらのほうに行かれますか。公園のほうですか。どのようなお食事がよろしいでしょうか。公園のほうですと、定食屋さんとおそば屋さんがございます。定食屋さんでしたら、カードでもお支払いいただけます。
第4課 セクション2	一歩進んだ応対	一歩進んだ応対（提案の 前置き ＋ 提案 ）	もしよろしければ、お席が空いているか確認いたしましょうか。
第5課 セクション1	要望に応える	承知 ＋ 迅速な応対（理由 ＋ お願い ）＋ 行動報告 ＋ 行動表明 ＋ 誘導	かしこまりました。すぐにお席の準備をいたしますので、少々お待ちいただけますでしょうか。お待たせいたしました。お席へご案内いたします。こちらへどうぞ。

第5課 セクション2	迅速に応える	では、すぐに＋ 行動表明 ＋ 前置き ＋ お願い	では、すぐに確認いたします。恐れ入りますが、お名前とお電話番号をお願いします。
第6課 セクション1	傾聴	・傾聴の 確認 ・詳しく傾聴： 前置き ＋ お願い ・不満に対する 共感 ＋ 謝罪 ・意見をもらった 感謝	・何かございましたか。 ・よろしければ、もう少しお話をうかがえませんか。 ・さようでございますか。申し訳ございませんでした。 ・貴重なご意見をありがとうございました。
第6課 セクション2	クレームを聴く	・（客の不満）→ 理由 ＋ 謝罪 ・（客の不満）→ 謝罪 ＋ 行動表明 ・（客の不満）→ 共感 ＋ 謝罪 ＋[最敬礼]	・ご迷惑をおかけし、大変申し訳ございませんでした。 ・申し訳ございません。すぐに代わりのものを準備いたします。 ・さようでございましたか。大変申し訳ございませんでした。
第7課 セクション1	代案	代案1 ＋ もしくは ＋ 代案2 でしたら ＋ うかがい	シングルでしたら少し広めのお部屋、もしくは、セミダブルのお部屋でしたらご用意できます。いかがでしょうか。
第7課 セクション2	提案	提案の 前置き ＋ 提案1 ＋し、 提案2 ＋ 情報提供 ＋ うかがい	それでしたら、近くに美術館もございますし、ガラス工房もございます。そちらで体験もできますが、いかがでしょうか。
第8課 セクション1	要望に応えられない時	断りの 前置き ＋ 断り ＋ 謝罪	あいにくMサイズは在庫がございません。申し訳ございません。
第8課 セクション2	さまざまな謝罪	・まず 謝罪 ＋ 提案1 ＋ 提案2 ・謝罪の 理由 ＋ 謝罪 ・最後に深い 謝罪 [最敬礼・分離礼]	・大変申し訳ございません。こちらで修理をさせていただくか、修理代を本日お支払いいたします。 ・ご迷惑をおかけし、大変申し訳ございませんでした。 ・この度は、誠に申し訳ございませんでした。[最敬礼・分離礼]